A Igreja é Viva e Jovem

Uma carta aos jovens do século XXI sobre a Igreja e a presença de Deus na história

HERMES RODRIGUES NERY

A Igreja é Viva e Jovem

Uma carta aos jovens do século XXI sobre a Igreja e a presença de Deus na história

Linotipo Digital

EDITORES: *Laerte Lucas Zanetti e Luiz Márcio Betetto Scansani*

COORDENAÇÃO DE PRODUÇÃO: *Laerte Lucas Zanetti*

PREPARAÇÃO DE TEXTOS: *Lindsay Gois*

REVISÃO DE PROVAS: *Luiz Márcio Betetto Scansani*

CAPA: *Marina Avila com ilustração de Mario Domingues Neto*

FOTO DA CAPA: *William Perugini/Shutterstock*

FOTO DA CONTRACAPA: *Hermes Rodrigues Nery*

FOTO DO AUTOR: *Maria Dolly Guimarães*

IMAGEM INFERIOR DA CAPA: *Zeldona - DevianArt*

DIAGRAMAÇÃO E PROJETO GRÁFICO DO MIOLO: *Spress Diagramação & Design*

Dados Internacionais de Catalogação na Publicação (CIP)
(Câmara Brasileira do Livro, SP, Brasil)

Nery, Hermes Rodrigues
A Igreja é viva e jovem : uma carta aos jovens do Século XXI sobre a Igreja e a presença de Deus na história / Hermes Rodrigues Nery. — . 1 ed. — São Paulo : Linotipo Digital, 2013.

ISBN 978-85-65854-03-0

1. Espiritualidade 2. Igreja - Trabalho com jovens 3. Jesus Cristo - Meditações 4. Jovens - Vida religiosa 5. Renovação da Igreja 6. Vida cristã I. Título

13-07131 CDD-248.83

Índices para catálogo sistemático:
1. Jovens : Guias de vida cristã : Cristianismo 248.83

Este livro segue as regras do Acordo Ortográfico da Língua Portuguesa, em vigor desde 01/01/2009.

2013
Todos os direitos desta edição reservados à
Linotipo Digital Editora e Livraria Ltda.
Rua Marconi, 107, sala 505
01047-000 - República - São Paulo, SP
www.linodigi.com.br - (11) 3256-5823

Dedicatória

A Sua Santidade Bento XVI, que convocou a Jornada Mundial da Juventude, em gratidão pelo seu testemunho de amor à verdade em seu luminoso pontificado.

Hermes Rodrigues Nery,
março de 2013.

Agradecimentos

Agradeço primeiramente a Deus pelo dom da vida e a todas aquelas pessoas que nos ajudam cotidianamente a perseverar na caminhada da fé, de modo especial a minha família, minha mãe Idalina e minha esposa Fátima; e os bons testemunhos de fidelidade e amor ao Evangelho da Vida, dentre eles as religiosas Ir. Maria Cândida e Ir. Teresa Paula Onishi (Missionárias da Consolata), Pe. Rosalvino Moran Viñayo, Ir. Sonia de Fátima Batagin, Ir. Maria Helena Yamamoto; Pe. Vicente Batista de Paiva, Pe. Berardo Graz, Pe. Ethewaldo Naufal Jr., o Cardeal Dom Geraldo Majella Agnelo, os Bispos Dom Antonio Augusto Dias Duarte e Dom Carmo João Rhoden; Dom José Palmeiro Mendes, os editores Laerte Lucas Zanetti e Luiz Márcio Betetto Scansani; Newton e Diva Roque Silva, Benedito Barros, Gilberto de Mello Kujawski, Valmor Bolan, Adonias Martins de Souza, Marcus Lima, Antonia Helena Couto Silva, Regina Célia Correa Santos, Ricardo Ferreira, Humberto Leal Vieira, Maria Dolly Guimarães, Lenise Garcia, Elizabeth Kipman, Alice Teixeira Ferreira, Mariangela Consoli de Oliveira, Maria das Dores Hipólito, Pe. Pedro Stepien, Celso Agneli, Nadir Aparecida Pazin, João Carlos Oliveira, Paulo Fernando Costa e Rebeca, Felipe Nery e Renata Gusson, João Carlos Biagini, Marco e Susy Gomes, Dom Antonio e Dom Bertrand de Orleans e Bragança, Silvio Dalla Valle, Henrique Faria, Neide Lopes Faria, Edna Vasselo, Leonildo Goldoni, Carlos Ramalhete, Fábio Ricardo Lotes Oliveira, Fábio Durante,Teresa Maria Freixinho, Renato Aguiar de Assis, Armando Alexandre dos Santos e Maria Terezinha Barros e Maria Aparecida da Silva. Aos meus vizinhos Antonio de Pádua e Clarisse, Geraldo e Teresa, e filhos. E aos meus filhos Ana Victória de Cássia e João Victor, presenças de alegria e promissão do bem.

Nota dos Editores

Ao proclamar o "Ano da Fé" (de 11 de outubro de 2012 a 24 de novembro de 2013), Sua Santidade Bento XVI exortou os cristãos e todos os homens e mulheres de boa vontade a "uma autêntica e renovada conversão ao Senhor, único Salvador do mundo", Jesus Cristo, Senhor da vida e da história. De modo especial, dirigiu-se aos jovens do mundo todo, no convite à XXVIII Jornada Mundial da Juventude, de 23 a 28 de julho, no Rio de Janeiro. Na sua Carta Apostólica sob a forma de *Motu Proprio Porta Fidei* (com a qual se proclama o ano da fé), Bento XVI afirmou:

> "Só acreditando é que a fé cresce e se revigora; não há outra possibilidade de adquirir certeza sobre a própria vida, senão abandonar-se progressivamente nas mãos de um amor que se experimenta cada vez maior porque tem a sua origem em Deus."

Para celebrar estes dois acontecimentos marcantes da vida da Igreja (a proclamação do ano da fé e a Jornada Mundial da Juventude), convidamos o professor Hermes Rodrigues Nery, liderança católica ativa na defesa da vida e da família, leigo engajado na Diocese de Taubaté (SP), com o Movimento Legislação e Vida, para escrever este livro, também em forma de carta aos jovens, como uma mensagem de esperança num período em que fomos também surpreendidos pela renúncia de Bento XVI e a eleição de Francisco, como primeiro papa latino-americano. Em meio a esses acontecimentos, retomamos o apelo feito pela *Porta Fidei*: "descobrir novamente os conteúdos da fé professada, celebrada, vivida e rezada e refletir sobre o próprio ato com que se crê, é um compromisso que cada crente deve assumir, sobretudo *neste Ano*".

Com prefácio de Dom Antonio Augusto Dias Duarte, Bispo Auxiliar da Arquidiocese do Rio de Janeiro, apresentamos ao público leitor esta obra, que certamente contribuirá para muitos redescobrirem "a força e a beleza da fé". Que as palavras de Francisco, proferidas em sua homilia de Domingo de Ramos deste ano, em Roma, ecoem no coração de cada jovem e de cada leitor desta carta, no desejo de que a primeira Jornada Mundial da Juventude no Brasil "seja um sinal de fé para o mundo inteiro. Os jovens devem dizer ao mundo: 'é bom seguir Jesus; é bom andar com Jesus; é boa a mensagem de Jesus'". Mensagem essa que possa nos animar a melhor testemunhar o que cremos, que Jesus Cristo Ressuscitado é Nosso Senhor e Salvador, ontem, hoje e sempre!

Inspirado nas doutrinas dos grandes papas da Igreja, este livro foi escrito sob a égide do pontificado de Sua Santidade Bento XVI e vem à luz no início do pontificado de Sua Santidade Francisco, a quem os editores desejam um caminho abençoado por Deus, em fidelidade ao Magistério e Tradição da Igreja, sempre viva e jovem.

Laerte Lucas Zanetti
Luiz Márcio Betetto Scansani
Os editores

Prefácio

Ser jovem e ser o rosto jovem da Igreja — eis o desafio que a juventude católica tem pela frente.

Desde que o Beato João Paulo II decidiu reunir jovens de todos os continentes para um encontro anual no Domingo de Ramos em suas respectivas dioceses, com a Jornada Mundial da Juventude intermediando esses momentos habituais em intervalos de dois ou três anos numa determinada diocese escolhida diretamente pelo Papa, esse desafio vem se renovando sob a inspiração dos lemas que regem esse encontro internacional.

O livro do professor Hermes Rodrigues Nery vem em auxílio dos jovens para que, como fizeram André e João há mais de dois mil anos, eles possam aproximar-se de Jesus e questioná-lo: "Mestre, onde moras?".

Nas páginas desse autor, católico e grande defensor da vida e da família, tenho a certeza que ele sabe apresentar aos jovens todos os valores cristãos e humanos inegociáveis que eles buscam quando vão ao encontro do Mestre por excelência, Jesus de Nazaré.

A energia e a coragem para o bem, a fé alegre e provada, a verdade como eixo em torno do qual gira a liberdade que faz brilhar os olhos dos jovens, o poder de Deus presente no seu Amor Criador e Redentor, bem como coroando esses valores, que o autor mostra, contando com sua cultura histórica e com palavras do escritor inglês Chesterton, o "caminho seguro de salvação".

Ser jovem e ser o rosto jovem da Igreja é possível, uma vez que a juventude, nos quatro cantos do mundo, caminha, sem titubeios nem desvios, até chegar à morada onde Jesus vive e convive com todos aqueles que lhe fazem essa pergunta: "Onde moras?".

E a resposta do Mestre não pode ser outra: "Na tua mente, no teu coração, na tua vida, meu querido jovem!".

Que a bênção do Beato João Paulo II e as orações escondidas do Papa Emérito Bento XVI proporcionem à juventude de todos os continentes a alegria do cristianismo e a vibração pelo ideal da nova evangelização.

Dom Antonio Augusto Dias Duarte
Bispo Auxiliar da Arquidiocese do Rio de Janeiro

Sumário

"[...] a Igreja é viva. E a Igreja é jovem. Ela leva em si o futuro do mundo e por isso mostra também a cada um de nós o caminho para o futuro. A Igreja é viva e nós vemo-lo: experimentamos a alegria que o Ressuscitado prometeu aos seus. A Igreja é viva, ela é viva porque Cristo é vivo, porque verdadeiramente ele ressuscitou."

BENTO XVI, HOMILIA INAUGURAL NA SANTA MISSA DE IMPOSIÇÃO DO PÁLIO,
PRAÇA DE SÃO PEDRO, 24 DE ABRIL DE 2005

"Aqui pode-se tocar com a mão o que é a Igreja: não uma organização, uma associação para fins religiosos ou humanitários, mas um corpo vivo, uma comunhão de irmãos e irmãs no Corpo de Jesus Cristo, que nos une a todos."

BENTO XVI, AUDIÊNCIA GERAL DE DESPEDIDA,
PRAÇA DE SÃO PEDRO, 27 DE FEVEREIRO DE 2013

A Igreja é viva porque Cristo vive

Caríssimos jovens,

Dirijo-me de modo especial a cada jovem participante da Jornada Mundial da Juventude, vindos de tantos países, para participar de um evento celebrativo, e ouvir a palavra do Papa: "o mundo precisa de pessoas que descubram o bem, que se alegrem por causa dele e que, desse modo, encontrem a energia e a coragem para o bem"[1]. Bento XVI convocou-os para esta Jornada e está em oração por vocês. Recordo-me sempre com viva emoção da sua homilia inaugural como Papa, em 24 de abril de 2005, quando exclamou na Praça de São Pedro para milhares de fiéis do mundo todo: "A Igreja é viva. E a Igreja é jovem [...] porque Cristo é vivo!"[2]. E também em seu discurso de despedida, em fevereiro de 2013: "Vejo a Igreja viva"[3], ressaltou. Está viva, mas sofre ataques "em um nível sem precedentes na história do catolicismo"[4].

Hoje, de modo mais intenso, emergem como movimentos organizados forças hostis à fé cristã, dentre elas um ateísmo militante e muitas vezes agressivo. O Papa pode ser atacado, ridicularizado, vilipendiado por quem quer que seja. No pátio interno da Universidade onde me graduei em História, recentemente promoveram uma encenação teatral com a decapitação do Papa, sob aplausos efusivos dos estudantes, com apoio da mídia[5]. Fosse um ato contra o Dalai Lama, Buda ou mesmo Maomé, na mesma proporção, e seria um escândalo internacional. O Papa precisa medir suas palavras, vírgula por vírgula, pois muitos estão de olho em seus pronunciamentos, e uma expressão descontextualizada pode provocar um furor midiático, como o ocorrido com Bento XVI na Universidade de Regensburg, em 2006. Quem questionar o homossexualismo é imediatamente taxado de fundamentalista e homofóbico, com leis já preparadas e em tramitação no Congresso, prevendo severas punições, incluindo cadeia para os que ousarem levar os jovens à reflexão sobre o *powergay* em curso, enquanto ideologia totalitária. Mas passeatas e marchas *gays* podem profanar símbolos religiosos publicamente, e são aplaudidas pelas suas criatividades. Dois pesos, duas medidas.

O fato é que "já não há um ambiente geral cristão"[6]. Forças hostis, cada vez mais sofisticadas e com amplo poder tecnológico, influem por uma revolução cultural global que visa desconstruir a própria identidade do ser humano como pessoa, e joga seus dardos contra a Igreja, porque é a instituição que historicamente mais se comprometeu com a defesa e o bem integral da pessoa humana. O Papa reconhece que "a Igreja há de viver nesta sociedade cada vez mais descristianizada"[7], e será preciso então voltar a compreender o significado de ser cristão, para que o "cristão possa voltar a ser compreendido"[8].

Os jovens hoje atraídos por Jesus Cristo devem saber que não há glória sem cruz, e de que o seguimento a Jesus implica sacrifícios, dores, dissabores, humilhações, perseguições etc. Os que esperam somente sucesso material, *status*, ou qualquer outro tipo de proveito temporal, poderão se desiludir facilmente; mas se o amor a Jesus for autêntico e se forem capazes da perseverança, descobrirão a alegria naquilo que o apoiam, verdadeiramente, que é uma força que vem do Alto. Digo isso por experiência própria, pois a fé é provada, é atravessada pelo fogo, e é pela fé que somos curados de todas as enfermidades (especialmente as psíquicas) e salvos.

O Papa vem até vocês, jovens, no "Ano da Fé", e destaca que:

> "[...] em nossos dias, mais do que no passado, a fé vê-se sujeita a uma série de interrogações, que provêm duma diversa mentalidade que, hoje de uma forma particular, reduz o âmbito das certezas racionais ao das conquistas científicas e tecnológicas. Mas a Igreja nunca teve medo de mostrar que não é possível haver qualquer conflito entre fé e ciência autêntica, porque ambas, embora por caminhos diferentes, tendem para a verdade"[9].

A FÉ TEM EXIGÊNCIAS

MUITOS ATEUS DIZEM que é mais fácil ter fé do que não ter fé, pois a fé dá segurança, certezas para quem crê. E é mais difícil viver na angústia da dúvida, do que não saber ao que se ater, da aceitação do acaso e da falta de sentido de vida etc. Em conversa com muitos ateus, vários deles inteligências brilhantes, eles me disseram:

> "Eu queria ter a fé que você tem, mas sou realista. Não posso mentir para você e dizer que tive um encontro pessoal com Jesus Cristo, pois eu não tive. Falo sério. Jesus foi um mito construído e eu não posso crer numa falácia. Ainda mais numa instituição que em nome dele cometeu tanta violência!"

Era o que eu mais ouvia dos ateus, o mesmo discurso, e, muitas vezes, por mais que eu dissesse que aquilo se tratava de uma generalização, batia-se na tecla a mesma história: "sofro mais por não ter fé, mas é uma questão de realismo, ninguém provou nada até hoje. Fico com Stephen Hawking. É tudo obra do acaso. O *quanta* aparece do nada e pronto". Mas o universo teve um início, o próprio Hawking reconhece isso. E os ateus refutam, endossando Hawking: "mas o *quanta* aparece do nada e pronto".

Respondo aos ateus, em conversas pessoais ou debates públicos, que não é mais fácil ter fé, pelo contrário, é muito mais difícil. Por dois motivos: 1º) a fé tem exigências; e 2º) a fé é provada. Nesse sentido, é muito mais cômodo viver a vida, *carpe diem*, pois "quem é que sabe?", e cada um faça o melhor que puder. É a lógica do darwinismo social. Sejamos realistas! Os ateus afirmam que "a fé não é necessária em absoluto para dar sentido à própria existência"[10]. E desconsideram a realidade última, sequer levam em conta a aposta de Pascal. Argumentam também que o que temem é o "risco de intolerância, quando a fé pretende justamente ser não apenas fé, mas também culminância da razão"[11]. Mais do que a soberba da razão, que arrastou muitos a estados agudos de perdição, o Papa diz ser necessária uma "purificação da razão"[12]. Só assim as razões da fé prevalecerão sobre modos inapropriados de expressões da própria fé.

A verdade e a realidade são uma só

"AQUILO QUE É VERDADEIRO deve ser verdadeiro sempre e para todos"[13], daí a universalidade dos princípios que movem átomos e astros, em propulsão e profusão de vida. O olhar humano, ampliado tantas vezes pelo poder tecnológico, é capaz hoje de alcançar distâncias inimagináveis por causa da precisão de leis imutáveis e universais, sem as quais seria impossível conhecer "os diferentes rostos da verdade do homem"[14]. "A verdade e a realidade são inseparáveis"[15].

Queridos jovens, vocês sabem o quanto o Papa que convocou a Jornada Mundial da Juventude, no Rio de Janeiro, sempre defendeu a verdade, com o vigor de quem foi provado pela vida, desde cedo. Ele ainda muito jovem, cresceu no ambiente cultural e político de uma das mais terríveis ideologias totalitárias da História, que não escondeu o afã de destruir os que não estivessem de acordo com suas falsas premissas, de consequências devastadoras. O Papa alemão tinha 6 anos de idade quando Hitler assumiu o poder, e 18 quando viu seu país em ruína e chamas. Essa dolorosa experiência de toda a sua geração lhe deu a convicção de que "a fé cristã tem muito mais futuro do que as ideologias que a convidam a abolir a si mesmas"[16].

Os fatos comprovaram essa convicção. A universalidade da fé cristã (daí a sua *catolicidade*) não visa instituir um estado temporal global e totalitário, pelo contrário, quer superar essa tentação sempre presente na história, por outras estruturas e organização da vida humana, cujos princípios e valores desejam justamente promover a pessoa humana e não tolhê-la em sua liberdade e dignidade. Por isso cada coração humano, ao conhecer realmente o que propõe o cristianismo, dá seu assentimento, porque reconhece Aquele que veio até nós anunciar um outro Reino, mas que começa aqui a ser edificado.

E a ideologia inumana e anticristã imposta por Hitler faliu de modo contundente justamente porque faltou o senso da realidade, e consequentemente o da verdade. E a fé cristã tem conseguido superar tudo aquilo que a ataca, pois "o cristianismo significa — sempre significou — a exaltação da realidade"[17]. Por isso, a fé cristã tem futuro, sempre teve, e, nesse sentido, o realismo cristão fez da Igreja "perita em humanidade"[18], e tornou-a viva e jovem para sempre.

A verdade é a mesma sempre

Algumas características do nosso tempo têm trazido grandes dificuldades de discernimento, e muitos jovens não têm como compreender o que sucede à sua volta. Vulneráveis a tantos escapismos, ampliam-se de muitas formas os enganos da superficialidade, os imediatismos e indiferentismos, com as consequências já conhecidas de angústia, violência e solidão. Isso porque, em nosso tempo, "o risco substituiu o heroísmo, o êxito foi computado como vitória, o interesse econômico ocupou o lugar da grandeza moral, o hedonismo ocupou o lugar do amor, as opiniões de moda se arrogaram a função de verdade"[19]. E então, em meio aos estilhaços e descontinuidades do cotidiano, nestes tempos convulsivos, a Igreja tem o que oferecer ao jovem, consciente de que "o que é verdadeiro continua a ser verdadeiro, mas podem surgir novas perspectivas que o põem noutra luz"[20]. A Igreja "terá de formar novos modos de comunidades a caminho"[21], as quais fazem esta exigência. Sempre é comunidade, porque não se é cristão sozinho. Exige sair do comodismo e pôr-se a caminho, por isso "estamos outra vez perante um novo começo"[22]; para de novo buscar acertar o passo, para que o percurso seja no caminho da verdade e da vida, pois somente esse é o caminho do bem.

Deus surpreende a cada geração

Daniel Dennett quer crer que as pessoas que dizem crer em Deus creem apenas na crença em Deus e nada mais. Mas Deus surpreende a cada geração, e reafirma sua epifania e sua promessa de estar conosco, todos os dias, até o cessar de todas as gerações. É sempre admirável em toda esta história como Deus se revela, como se manifesta e vem até nós, como permanece seu interesse por nós, e como cada vez mais ficamos perplexos e até maravilhados de que é Ele quem nunca se cansa de nós. E enquanto muitos governantes totalitários, especialmente no século XX, se sentiram fortes o suficiente para desbancar Deus da História (como Stalin, que ordenou destruir a Catedral de Cristo Salvador em Moscou, em 1933, pois ela era considerada um símbolo do Império Czarista), os insurgentes foram reduzidos a pó. E Deus retomou seu lugar na História. Os comunistas planejaram construir no local da Catedral um palácio com uma torre de 400 metros de altura, para colocar no topo uma estátua de Lenin, com 98 metros; por dificuldades técnicas acabaram apenas construindo a maior piscina a céu aberto do mundo, mas o comunismo soviético se esfacelou e as estátuas de Lenin e Stalin foram derrubadas, depois de muitos terem sofrido e até sido eliminados nos Gulags. Nos anos 1990, enfim, depois que a bandeira vermelha com o martelo e a foice fora derruída, o Patriarcado de Moscou pôde novamente reerguer a Catedral, em 2000, para recolocar Deus em seu lugar. Hoje, as grandes solenidades da Igreja Ortodoxa Russa são ali celebradas. E Deus passa então a ser visto como um problema, não apenas por homens de poder, mas também de ciência, de literatura etc. Não conseguem resolver o problema de Deus, principalmente o da Igreja Católica, sua pedra inconcussa, que os ateus persistem em atacar, em abalar seus alicerces, em comprometer sua credibilidade histórica, em corroer por dentro sua doutrina, com sofisticados argumentos relativistas. "O nome do problema é Deus"[23], destaca Dawkins.

Uma história ainda em curso

E NESSE ESFORÇO SISÍFICO*, começam por querer atingir a *Bíblia*, o livro da vida, "de longe, o maior *best-seller* de todos os tempos"[24]. Eles próprios reconhecem não compreender os paradoxos de uma história que possui coerência temática, com um enredo que parece estar sempre atualizado. Sabe-se que não se trata de um conteúdo irrelevante, e que por mais controvérsias e interrogações que possa suscitar, ainda hoje dá respostas à realidade projetiva da vida. Josef Holzner conta que quando Tito destruiu o Templo de Jerusalém, os judeus desprezaram os vasos sagrados de ouro e prata, as lâmpadas e os candelabros, e outras preciosidades, "só para salvar a Bíblia. Este era o verdadeiro tesouro do Templo, e as chamas não o devoraram"[25].

Na verdade, a narrativa bíblica é muito enxuta em cada história apresentada. Os detalhes não são dispensáveis, mesmo os que mais nos levam a pensar sobre o modo de Deus agir na história. Não há mesmo prolixidade. "A extrema parcimônia da história de Adão e Eva no *Gênesis* (quarenta versículos, cerca de oitocentas palavras em inglês) jamais foi superada"[26]. Está tudo lá, levando-nos até hoje a buscar respostas de muitos porquês. Não há em toda a literatura já produzida um episódio mais impactante, de influência tão marcante, "com o mesmo poder de permanência que a história de Adão e Eva"[27].

---

* Referente a Sísifo, personagem da mitologia grega, condenado a rolar uma pedra ao cume de uma montanha, mas que, ao chegar próximo do topo, a pedra rolava montanha abaixo, exigindo que Sísifo levasse-a novamente ao topo, e vê-la rolar para baixo, em todas as vezes que ele buscava fazer a pedra alcançar seu objetivo. Daí toda tarefa inútil estar associada ao esforço sisífico. Em *O Mito de Sísifo*, Albert Camus começa a sua obra afirmando: "Só existe um problema filosófico realmente sério: é o suicídio. Julgar se a vida vale ou não a pena ser vivida é responder à questão fundamental da filosofia". (Editora Guanabara, 3ª edição, p. 23).

O protagonista da História

Os ateus falam de Deus como uma ideia-força ou uma grande projeção do desejo humano. Mas o relato bíblico o apresenta como Pessoa, alguém que toma iniciativa, que não é indiferente com a nossa sorte, que interpela e intervém. Desde o início, "o núcleo de toda a tentação [...] é colocar Deus de lado, o qual, junto às questões urgentes da nossa vida, aparece como algo secundário, se não mesmo supérfluo e incômodo"[28]. A brevidade dos fatos como estão contados no *Gênesis* fala do essencial, da coerência dos acontecimentos: colocado Deus de lado, o desterro foi inevitável. Mas não foi um ponto final. É justamente aqui que começa a história da salvação. E Deus será o primeiro a agir. "Quem quiser entender a Escritura dentro do espírito no qual ela foi escrita terá de considerar o conteúdo e a unidade de toda a Escritura"[29], explica o Bento XVI. Não compreendendo a pedagogia de Deus, os ateus partem para as generalizações e os reducionismos. José Saramago questiona o porquê da predileção de Deus por Abel e mesmo depois de Caim ter matado o irmão, ficou sem entender o motivo pelo qual Deus lhe fez um sinal na testa para garantir proteção a ele, afirmando que com aquele sinal ninguém lhe tiraria a vida. Mais uma vez, a narrativa é concisa e confirma a máxima de S. Irineu: "a glória de Deus é o homem vivo!"[30].

A Sagrada Escritura mostra o modo de Deus se relacionar conosco. Com Noé, foi imperativo: "Faça a arca![31], porque ele era justo e íntegro e estava com Deus. Para Noé, Deus não era secundário, por isso foi estabelecida com ele a aliança como um sinal de vida para todos. E novamente mantém a marca de Deus como presença, d'Aquele que É, sempre, o protagonista da História.

Os jovens anseiam por Deus

Em conversa com muitos jovens no dia a dia, nas mais variadas situações, é evidente o fato "de quantos andam à procura de um sinal propício que os ajude a discernir os traços da presença de Deus no nosso tempo"[32]. Mesmo em meio a tantos apelos do imediatismo e do consumismo, os jovens têm percepção e aderem com entusiasmo àquilo que dá a eles um sentido de vida verdadeiramente humano. Quando param para prestar atenção e não embarcam na primeira proposta que aparece, e quando conseguem fazer o discernimento, então compreendem que:

> "[..] enquanto fonte de amor, Deus deseja dar-Se a conhecer, e o conhecimento que o homem adquire d'Ele leva à plenitude qualquer outro conhecimento verdadeiro que a sua mente seja capaz de alcançar sobre o sentido da própria existência"[33].

Abraão foi o primeiro a dar esta resposta e a conhecer "Aquele que tudo transcende e a tudo dá vida"[34]. Ele deu consentimento ao chamado e tudo então aconteceu. Houve uma aliança e uma promessa, que até hoje se cumpre, o que comprova que a história da salvação permanece uma história em curso, ainda acontecendo em nossos dias, e cada um de nós somos chamados a participar dessa história magna em que Deus é sempre protagonista.

As promessas de Deus são sempre cumpridas

A HISTÓRIA DA FÉ é a história da salvação, pois que a vida recebida (dada para sempre) exige cuidado, e não há como preservá-la com as nossas próprias forças, sem recorrer a quem criou a própria vida. Daí que a razão humana é insuficiente e também deficiente, e todo excesso de razão dá no irracionalismo, e requer, portanto, purificação. "A história da Igreja é o diário vivo de uma peregrinação sem cessar"[35]. Peregrinação essa que começou quando Abraão atendeu ao chamado para sair da sua comodidade e ir ao encontro de outra realidade, de uma "terra prometida"[36], não ancorada em estruturas injustas e aonde a pessoa humana não é oprimida por ideologias totalitárias. "A esperança da terra pertence ao núcleo mais íntimo da promessa a Abraão"[37], de bem-aventurança. Em Jesus Cristo, Deus apresentou de modo mais claro as premissas de Seu Reino, que não é deste mundo, mas começa aqui a ser edificado. A promessa de Deus, sempre cumprida, a cada geração humana melhor compreendida pelo testemunho dos santos, não é uma utopia irracional e irreal, mas uma realidade viva, a que somos chamados a coparticipar e a construir a partir do nosso assentimento ao bem. Abraão foi o primeiro a entender a realidade de Deus como pessoa e não como uma energia cósmica ou um conceito abstrato. Deus que vem até nós prefigurando n'Ele mesmo o Reino prometido a todos, pois em Jesus Cristo consolidou sua promessa salvífica e redentora. É a partir da "relação do Reino de Deus com Cristo"[38], que "havemos de compreender a Igreja"[39], o significado de ser Igreja como "o Reino de Deus em pessoa"[40], pois "Jesus mesmo é o Reino; o Reino não é uma coisa, não é um espaço de domínio como um reino do mundo. É pessoa: o Reino é Ele"[41]. Foi isso que Abraão compreendeu, tratando-se de Deus: "É Ele o real, a realidade mesma"[42]. Mesmo rico e já com idade avançada, Abraão não saiu de sua cidade como um conquistador, mas no seguimento daquele que lhe prometera uma descendência numerosa como as estrelas, e que tal descendência não ficaria dispersa. Promessa de quem quer garantir vida para todos (para muitos), por isso Abraão tornou-se o pai de todos os que têm fé no verdadeiro Deus.

Deus chama para a vida

"A Palavra de Deus só acha plenamente seu sentido quando encontra aqueles aos quais ela se dirige"[43]; como na parábola do semeador, tudo depende do olhar que a vê e do coração que a recebe. Saramago vê Deus como cruel e vingativo, mas não considera sua solicitude para com o homem justo. Os Salmos louvam a "bondade e retidão"[44] de Deus, sua compaixão para com os que procedem bem. Ele hospeda o perseguido, restaura a força dos fragilizados, e mostra um caminho para "fontes tranquilas"[45]. Mas reage contra o mal, sem tibieza. Os salmos falam da "doçura de Deus"[46], pois Ele ama sem dissimulações, com retíssimo bem-querer e acolhe quem ama com a mesma intensidade e intencionalidade. Apreciou o sacrifício de Abel, pois havia realmente gratuidade em sua oferta, ao contrário de Caim, que anuiu à concupiscência no que fazia. E então Caim não suportou a verdade de correspondência entre Abel e Deus, e corroído pelo mesmo sentimento que levou Eva a se opor a Deus, derramou o primeiro sangue inocente. Abel prefigura assim uma primeira vítima, de quem se voltou contra Deus. Mais uma vez, em Caim, a liberdade do homem foi "posta à prova"[47], a exemplo do que ocorrera no Jardim do Éden com Adão e Eva. Mas "o homem não foi abandonado por Deus. Ao contrário, Deus o chama"[48] para a vida, para o caminho estreito que conduz à vida, pois Ele é a porta da vida. Por isso, poupou Caim, para poupar toda a humanidade, que requeria de ajuda para amar Aquele que É o amor que salva. Toda a História da salvação é isto: mostra que "o homem depende do Criador, está submetido às leis da Criação e às normas morais que regem o uso da liberdade"[49].

Richard Dawkins não foi nada original em seu humor ferino para atacar as grandes referências bíblicas da fé. John Lennox o desconcertou num debate público[50], dizendo que o seu ateísmo é terrivelmente mais fundamentalista, quando Dawkins quis negar que a sua convicção em não crer era também uma expressão de fé, perigosa e extrema. Dawkins não teve o que dizer diante da colocação de Lennox, o que levou as milhares de pessoas presentes no debate terem de aplaudir Lennox, para constrangimento do líder ateu. Naquele mesmo debate, Dawkins afirmou que "um criador não pode ser uma explicação satisfatória"[51], ao que John Lennox respondeu: "O Deus que criou o universo não foi criado. Ele é eterno. Essa é a distinção entre Deus e o universo"[52]. Dawkins recorreu então ao princípio antrópico e à tese do multiverso, mas Lennox completou: "No início havia a palavra, a palavra já existia[53], citando o evangelista São João. A vida veio portanto do Verbo, que é "anterior ao universo"[54], como explicou Santo Atanásio: "o Universo não foi feito de uma matéria preexistente, mas do nada e da absoluta e total não existência, de onde Deus o trouxe ao ser através do Verbo"[55]. O fato é que o Verbo não é a matéria, mas "a causa da matéria"[56], por ser o sopro da vida.

Ordenação e diretriz como princípio da vida

A concisão bíblica dá início ao seu relato dizendo que "no princípio, Deus criou o céu e a terra"[57]. Princípio este que pode significar mais do que um começo, mas uma ordenação e diretriz que dá permanência à vida, a própria presença de Deus sustentando a vida, sempre, com um princípio imutável e universal, que reforça o que diz o Livro da Sabedoria: "A observância de Suas Leis é a garantia da imortalidade"[58]. Stephen Hawking baseou-se na chamada energia negativa para justificar que não houve causa para a eclosão do *big bang*. Quis refutar assim questões que servem de premissas para a tese do *big bang*. Dentre essas questões, está o seu início, pois a energia e o espaço foram criados no *big bang*, e se o próprio tempo surgiu com a explosão inicial, não havendo nada antes do *big bang*, então — para Hawking — não havia causa, pois não havia o tempo onde a causa pudesse existir. Daí o cientista concluir que Deus não existe. Hawking aceita resignado o acaso, e não considera, por conta disso, que haja uma providência para a ordem e a finalidade dos seres existentes no universo. Reconhece as maravilhas do universo, do qual faz parte como ser vivente, mas aceita tudo isso como consequência do acaso. As coisas foram acontecendo, e a ciência cada vez mais vai entendendo os processos de muitos porquês. Para ele, recusar o sentido da providência, pode colocá-lo na mais terrível solidão. Mas e daí? Pensa estar sendo mais realista assim. Como ele, muitos ficam até enternecidos com a oportunidade de existir, de terem sido um dos tantos fortes a sobreviverem (na lógica do evolucionismo). Mas se tudo for apenas um sonho, ou se retornar ao nada que era antes de existir, qual o problema? E mesmo assim, para Hawking e tantos outros ateus permanecem as indagações: Como pode tudo isso ter sido obra de alguém, de uma única pessoa e com tanto poder? Teria que entender também a arbitrariedade com que distribui as porções de vida pelo universo, como ordena e dá destinação a isso ou aquilo, e que todas as diferenças e qualidades (e também as quantidades) provenham de uma única vontade, com finalidades que não conseguem compreender. Para Hawking, a evolução explica melhor as diferenças[59].

O acaso não contraria a lógica da providência divina

Certamente São Tomás de Aquino deixa os ateus mais perplexos, pois explica em sua *Suma Contra os Gentios* que "pertence à ordem da providência divina haver ordem e graduação nas causas"[60] e admite que "não é contra a providência divina, que conserva a perfeição das coisas, que algumas aconteçam por sorte ou por acaso"[61]. O acaso, portanto, está dentro da lógica da providência, não como um fator determinante, mas como uma possibilidade da volição ordenadora, pois "a pluralidade e a diversidade de causas procedem da ordenação e da disposição da providência divina"[62]. Quando Hawking, portanto, se convence da não existência de Deus por constatar que o *quanta* aparece do nada, deixa de considerar o próprio acaso como recurso da providência para efetivar com êxito o ato da Criação. Por isso, a raridade do fenômeno quântico (da energia negativa) não invalida o sentido da providência divina, e deixa o campo (sempre aberto) para que "a ideia cristã de Deus"[63] não seja "considerada acientífica"[64]. E que há mais pontos de convergência entre a ciência e a religião sobre a realidade de Deus do que impasses. O acaso, portanto, não é argumento irrefutável para desconsiderar o sentido da providência divina.

Deus É Aquele que É

No relato bíblico, a resposta que Deus dá a Moisés na sarça ardente é bastante significativa. Diz apenas: "Eu Sou Aquele que Sou"[65]. E quando a sua epifania foi completa, em Jesus Cristo, Ele próprio acrescentou: "Eu sou o caminho, a verdade e a vida!"[66]. O ser que arde na chama sem se consumir se apresenta como caminho que conduz à vida. "Mostra o caminho que devemos seguir"[67]. Aquele que É, é o amor que salva, por isso, "Ele é indicação do caminho para o autêntico 'êxodo', o qual consiste em que, em todos os caminhos da história, deve ser procurado e encontrado o caminho para Deus como a autêntica direção"[68]. Ele responde a Moisés como primeira pessoa do verbo ser. E esse verbo é o que opera tudo. No início, houve um imperativo. Alguém decidiu e então céu e terra foram criados, e depois avaliados positivamente, quando Deus viu que o que veio do Seu Verbo era bom. Há ainda o mistério da ligação entre céu e terra, e uma chave ligando tanto uma quanto outra realidade, que compõe a realidade de Deus. Aquele que É, é eterno e infinito, portanto, não limitado nem pelo tempo, nem pelo espaço. Aquele que É tomou forma humana, encarnou-se, fazendo da terra, sim, uma realidade eletiva, e sua volição poderá mesmo talvez tê-la feito o centro do universo, caminho de vida, para no céu a vontade de Deus ser "plenamente realizada"[69]. No deserto, em resposta ao demônio que o tentou, Jesus confirmou: "Foi-me dado todo o poder no céu e na terra"[70]. E Bento XVI explica que "há aqui duas coisas que são novas e diferentes: o Senhor tem poder no céu e na terra. E só quem tem este poder todo é que tem o poder autêntico e redentor"[71]. E ressalta que "sem o céu, o poder terreno permanece sempre ambíguo e frágil. Somente o poder que se coloca sob a medida e o juízo do céu — isto é, de Deus — pode tornar-se poder para o bem. E só o poder que se coloca sob a benção de Deus pode ser seguro"[72]. Na sarça ardente, Moisés compreendeu que Aquele que É, é sempre uma resposta de vida.

O que requer de nós o "Ano da Fé"

Meus jovens, encorajem-se por defender o caminho da vida! O "Ano da Fé", proclamado por Bento XVI, de 11 de outubro de 2012 (no 50º aniversário da abertura do Concílio Vaticano II) a 24 de novembro de 2013 (na festa de Cristo Rei), requer de nós "descobrir de novo a alegria de crer e reencontrar o entusiasmo de comunicar a fé"[73], daí que volto o meu olhar àqueles que não se fecharam inteiramente às surpresas da fé, capazes de mostrar em nossa vida possibilidades sempre renovadas de esperança, de que é possível "conhecer Deus, o verdadeiro Deus"[74], a quem podemos recorrer para que seja garantida a vida verdadeira. Por isso, meus jovens, quero nesta Carta partilhar com vocês esta esperança, que a fé (primeira virtude teologal) impulsiona, de que Deus não é um conceito, uma grande ideia-força, ou uma projeção do desejo humano etc., como argumentam os ateus, mas reforçar o que a minha experiência comprovou de que Deus é uma presença, uma pessoa com quem podemos estabelecer relação, e que vem ao nosso encontro, age em nossa vida, intervém na história, não nos abandona, é o primeiro a se interessar por nós, a querer o nosso bem, a defender-nos, e que nos ama verdadeiramente.

É o mesmo Deus de Abraão, de Jacó e José, e de Moisés; que atua hoje, que vem ao nosso encontro, e em Jesus Cristo dividiu a história em antes e depois, como dividiu as águas do Mar Vermelho, para libertar o seu povo de todo mal que o oprimia, como hoje tantos males que escravizam e tolhem o ser humano, reduzindo-o a coisa, a objeto, privando-o da sua dignidade como pessoa. É então que Deus intervém e não fica indiferente. "Foi Ele quem criou tantas maravilhas, que não só as desconhecidas, mas as conhecidas, se não as vissem os olhos ou, pelo menos, se delas não houvesse testemunhas dignas de fé, seriam julgadas impossíveis"[75], pois "é um Deus pessoal que governa as estrelas, ou seja, o universo; as leis da matéria e da evolução não são a última instância, mas razão, vontade, amor: uma Pessoa"[76]. Então:

> "[...] se conhecemos esta Pessoa e Ela nos conhece, então verdadeiramente o poder inexorável dos elementos materiais deixa de ser a última instância; deixamos de ser escravos do universo e das suas leis, então somos livres. Tal consciência impeliu na antiguidade os ânimos sinceros a indagar. O céu não está vazio. A vida não é um simples produto das leis e da casualidade da matéria, mas em tudo e, contemporaneamente, acima de tudo há uma vontade pessoal, há um Espírito que em Jesus Se revelou como Amor"[77].

Por tudo isso, posso lhe dizer que Aquele que É, é o amor que salva.

Quem pode mais, Deus ou o homem?

Com Jó, é possível aproximar-se ainda mais da pedagogia de Deus na história da salvação. Ele era um homem justo, justíssimo, por que então teve que sofrer? Que Deus é este que faz sofrer o homem que é bom e justo, e que o teme? Mas esse não é cerne da questão. É possível uma relação inteiramente desinteressada com Deus? É possível a experiência da gratuidade? É possível reconhecer que é preciso a experiência do abandono nas mãos de Deus, sem abandonar a fé na sua providência? Quem pode mais? Deus ou o homem? É possível ao homem o poder de Deus? E se assim fosse, o homem saberia governar o universo? Todas essas questões são colocadas a Jó, depois de todos os seus sofrimentos, quando Deus lhe fala, em meio a uma tempestade. Ao final, Deus lhe faz recobrar todas as suas forças, porque Jó era justo e bom, por causa de Deus e por amor a Deus. Por isso, com lágrimas, Jó exclamou: "Eu te conhecia só de ouvir. Agora, porém, meus olhos te veem"[78].

É possível também que Jó não tivesse se mostrado "alegremente agradecido, mas sim abalado no mais íntimo de sua alma"[79], como Pedro ficou após Jesus ter andado sobre as águas para levantá-lo e reafirmar aos discípulos "Não tenham medo!"[80]. Jó também se desesperou, no auge da sua dor, tendo perdido seus bens materiais, os amigos, a saúde, e se tornado um trapo humano. Pediu para que Deus se esquecesse dele, e o deixasse em paz. Foi quando mais Deus se interessou por Jó, perscrutando-lhe o coração e lembrando-se de que ele, nos tempos de abastança jamais oprimiu alguém e nem se esqueceu do pobre, do órfão, nem da viúva. E tudo isso garantiu a Jó a sua vitória sobre a dor, a sua glória. Somente no final da história é que ele compreendeu que Deus tinha a lhe oferecer uma outra paz e uma outra vida: a paz daquele "que sofre por causa de Deus"[81] para obter a vida verdadeira.

O Senhor da vida é Deus da Criação e da Salvação

Quando Deus fala com Jó, se recorda da Criação. "No livro de Jó e nos livros sapienciais encontramos relatos da criação que tornam claro que os crentes, mesmo nessa ocasião, também não pensavam que nesses textos o processo da Criação estava, por assim dizer, fotograficamente representado. Só está representado na medida em que nos permite apreender o essencial: que o mundo provém do poder de Deus e é criado por Ele"[82]. E é Deus quem indaga a Jó: "Examinaste a extensão da Terra? Informa-me, se sabes tudo! Em que direção habita a luz e qual é o lugar das trevas? [...] Acaso entraste nos depósitos da neve, ou examinaste os reservatórios do granizo que guardo para o tempo da angústia, para os dias de guerra e de batalha?"[83]. E continua: "Conheces as leis do céu e determinas sua influência na terra?"[84]. Até mesmo o mais terrível retrato de Leviatã é apresentado por Deus a Jó. Qual poder pode mais? "Quem é esse que obscurece o meu Projeto sem nada entender?"[85], prossegue Deus a Jó.

Se o texto de Jó foi um dos mais antigos dos livros bíblicos, composto talvez até antes do *Gênesis*, não é relevante. O que importa é a realidade dessas histórias. A atualidade delas. Em Jó reaparecem todos os elementos-chave da mesma história contada no início: a sedução da tentação trouxe como consequência o desterro do Éden, mas é possível um retorno, uma reconciliação. O percurso de volta não acontece sem sofrimentos, pois é um *caminho estreito*. O ramo ressequido exige a enxertia na videira. E somente Deus pode operá-la e restituir assim o que fora perdido. Para reaver o que antes possuía em abundância, Jó recorre a Deus, quer falar com Ele, ouve enfim a Sua palavra e reconhece a Sua onipotência. Mesmo com o sofrimento em grau agudo, Jó manteve a sua integridade em recusa a toda iniquidade e não deixou de crer que Deus não o esqueceria e viria em seu socorro, pois ele era um homem inocente. Com essa convicção, Jó foi reverente a Deus e então recebeu muito mais, e a sua alegria foi restaurada. Esse roteiro conhecido perpassa em toda a Sagrada Escritura, até hoje. "Encontramo-nos sempre na obscuridade da provação e só podemos chamar por Deus: salva-nos outra vez!"[86]. O Deus pessoal da Criação é também o Deus da Salvação. É um Deus que ama, pois onde há amor, há vida.

Para Deus, a vida garantida requer a liberdade

Se a Criação foi um ato volitivo, Deus age na história por atos eletivos para nos reconduzir à "origem de onde somos"[87]. E aceita a liberdade daqueles que O negam e se recusam fazer parte do seu projeto de vida. Para Deus, a vida garantida requer a liberdade. E o mal que a tolhe não a pode subsistir. Por isso, é um Deus que salva, pois "salvar significa libertar do mal"[88]. Todas as histórias do relato bíblico mostram, com evidência, que é Deus quem escolhe quem deve atuar (e como) no enredo do maior de todos os roteiros. "Quão magníficas são as vossas obras, Senhor! Tudo fizestes na vossa Sabedoria[89]. É ela o Princípio, e foi neste Princípio que criastes o céu e a terra"[90]. Jó, assim como outras figuras bíblicas de relevo, reconhecem o protagonismo d'Aquele que É o Altíssimo, a mesma descoberta que tantos santos da Igreja fizeram, a exemplo de Santo Agostinho: "até que a minha fraqueza seja absorvida pela vossa fortaleza"[91]. Fragilidade humana esta não apenas vivida pelos que têm a experiência da fé, mas também o próprio Jesus a viveu em pessoa, quando veio até nós na "plenitude dos tempos"[92]. Mas debilidade essa superada para confirmar a sua promessa de retornar na inteira fortaleza: "um processo da vinda, que já está em movimento e que diz respeito a toda a história"[93].

O projeto de Deus é a vida verdadeira

Com José, filho de Jacó, Deus havia chamado um hebreu para governar com justiça. O faraó tinha pressa de ver executada uma obra, e então José abriu os celeiros para melhor alimentar seu povo. Começou ali um outro poder a ser exercido, sinalizando uma outra relação, não de dominação e opressão. A relação em que "algo de novo acontece"[94], em que é possível uma outra realidade, com o *humus* da vida. Significativo o gesto de José, que antecipa o da multiplicação dos pães e dos peixes, confirmando o projeto de Deus em Jesus, comprometido com vida em abundância. Moisés deu mais um passo nesse sentido. Deus não queria o seu povo na escravidão, e Moisés liderou a libertação. E não faltou o maná para suprir o povo do alimento necessário. O próprio Deus se faria alimento e enfatizaria: trabalhai não pelo alimento que perece, mas por aquele que garante a vida eterna. O seu povo teria um Rei para guardar a arca da Sua aliança iniciada com Abraão. São etapas, portanto, que fazem a história da salvação ser uma história de fé, sempre num crescente.

Uma história em que Deus não se esquece de suas promessas, primeiro feitas a Abraão, depois a Davi, o menino pastor de Belém, também chamado a governar o povo e dar estabilidade à Sua Casa. Davi foi o primeiro rei a entender o projeto de Deus, a trabalhar por ele, ao fundar Jerusalém para ser a cidade da verdadeira paz, como sinal a anteceder o Reino que "subsistirá para sempre"[95], porque terá a paz assentada na justiça. Não se trata de uma utopia, mas a mais concreta realidade, que o sopro de vida suscitado por Deus leva cada geração humana a ajudar a construir, em meio às vicissitudes dos séculos. Davi preparou, portanto, a cidade para acolher o próprio Deus, em pessoa, que, em Jesus Cristo cumpriu a profecia de Isaías como o *servo sofredor*, e foi em Jerusalém clamado pelo povo: "Hosana, filho de Davi!"[96], quando entrou em meio aos ramos de oliveira, para sofrer todas as dores, mas ressuscitar e ascender aos céus, com a promessa de seu retorno, em poder e glória. O que torna a fé cristã sempre solidíssima é que as promessas de Deus são cumpridas, e vivifica a fé ainda hoje, porque trata-se de uma história ainda em curso, acontecendo em nossos dias, pois não chegamos à "última palavra da história do mundo"[97]. Por isso, Bento XVI ressaltou de modo enfático em sua primeira encíclica. "É Deus quem governa o mundo, e não nós"[98].

A realidade e a realeza de Deus são universais

Davi, cujo nome em hebraico quer dizer "querido, amado", é citado 1.139 vezes na Bíblia. É da sua estirpe que Deus escolheu pertencer, daí o vínculo de Davi com o filho bem amado de Deus, o próprio Deus encarnado para confirmar sua realidade e realeza universal. Davi foi um rei amado pelo seu povo, antecedendo assim a majestade de Jesus, nascido na manjedoura de Belém, "pois ninguém no passado foi tão amado por todos os povos, nem jamais será no futuro, como Jesus Cristo"[99], a quem a todos julgará, "porque Deus é rei de toda a terra, cantai hinos com arte"[100], sublinhou os salmos. E Davi foi amado porque, a exemplo de José, filho de Jacó, governou com humanidade, pautado na vontade de Deus. Houve então outra referência de poder, outras premissas, a distinguir as dimensões decisórias da vida humana, no contexto da Criação: céu e terra foram criados, portanto, "somente um poder que se coloca sob a medida e o juízo do céu — isto é, de Deus — pode tornar-se poder para o bem"[101].

Davi e Salomão, apesar de suas fraquezas humanas, reconheceram isso e tiveram, enquanto governantes, o coração em Deus. Para eles, a arca da aliança estabelecia os alicerces de todo governo humano, não exitoso somente com construções exteriores vistosas, mas especialmente com a prática da justiça. Eles entenderam que "a história não pode ser regulada longe de Deus por estruturas simplesmente materiais"[102], pois "se o coração do homem não for bom, então nada pode tornar-se bom"[103]. Com isso, Jerusalém tornou-se um centro de imantação e irradiação da vida, porque a arca da aliança abrigou o próprio Deus, como o sacrário da vida. E Israel passou a ser mais que um espaço geográfico da preferência de Deus, mas promessa e promissão de perdurabilidade, pois a partir da Casa de Davi foram lançadas as bases de um reino indestrutível, em que nenhum poder temporal poderia subsistir sem a Sua força espiritual. Jerusalém permanece até hoje relevante como um epicentro na história mundial. Israel não é nação coadjuvante. Mesmo em meio a sofrimentos e humilhações, e infidelidades ao projeto de Deus, pela boca de Isaías, Deus prometera: "Israel criará raízes, Israel dará flores e botões, e de frutos cobrirá a face da terra"[104], pois a Casa do Senhor foi erguida em Israel e todos os povos se reunirão para adorar o Senhor, em Jerusalém.

E cumpriu-se mais uma vez a promessa de Deus tornar-se visível, em pessoa, num descendente de Davi. Como "a Criação não pode ser levada ao seu termo unicamente por obra do homem"[105], e "não é perfeita em sua ordem natural sem o milagre"[106].

Deus quero "sim" à vida

Deus escolheu José não apenas por descender de Davi, mas por ser um homem justo[107] e fiel ao projeto de Deus, também a exemplo de Davi. José é comumente representado com um lírio nas mãos, porque ele entendeu a pureza necessária como sacrifício para tornar ainda mais esplendente a ação de Deus na história. Deus contou com o consentimento de José para o Verbo tornar-se carne e vir habitar entre nós e também com o *fiat* de Maria, para que ela o acolhesse em seu seio e se tornasse a mãe do Verbo. No momento da Anunciação, o anjo Gabriel recordou a Maria o vínculo com Davi: "Conceberás e darás à luz um filho, e lhe porás o nome de Jesus. Ele será grande; será chamado Filho do Altíssimo, e o Senhor Deus lhe dará o trono de Davi, seu pai. Ele reinará para sempre sobre a descendência de Jacó, e o seu reino não terá fim"[108].

Todos os questionamentos acerca das histórias do relato bíblico perdem de vista a sequência de acontecimentos encadeados, como o grão de mostarda lançado e cuja árvore da vida foi crescendo e com raízes tão impregnantes a formar uma copa de abrangência universal. O notável para um observador mais atento é a continuidade de um processo que não cessou de expandir, como um movimento envolvendo muito lentamente os mais diversos povos e culturas. Onde parece haver um certo esgotamento, há sempre uma preservação da memória e uma recomposição como de um substrato permanentemente vicejante. De fato, a descendência de Abraão é hoje mais numerosa que as estrelas do céu; Jerusalém continua um epicentro da história e Jesus Cristo amplia sua influência em vários países do mundo. Paul Johnson lembrou em sua "biografia de Jesus Cristo para o século XXI", que "o número de cristãos aumentou desde então, e hoje é de aproximadamente 1,25 bilhão. Embora estagnado ou em declínio em algumas regiões do mundo, o cristianismo cresce na Ásia, na América Latina e especialmente na África"[109]. E ressaltou que "a vida de Jesus e a fé que Ele criou são os acontecimentos centrais da história da humanidade, em torno dos quais tudo gira, não apenas hoje, mas, prevejo, no futuro"[110].

Mas Jesus ainda é um desconhecido para muita gente, mesmo os que se dizem cristãos.

Os pesquisadores dos melhores centros acadêmicos da atualidade não questionam mais a sua existência histórica. As controvérsias estão em torno das interpretações sobre o seu mistério na história do mundo. É certo que "a cisão entre o 'Jesus histórico' e o 'Cristo da fé' tornou-se cada vez mais profunda"[111], mas as divergências hermenêuticas emergiram, desde o início, já no tempo de Jesus e pouco depois, quando os gnósticos e outros grupos passaram a dar a sua versão dos fatos da vida de Jesus e de seus ensinamentos.

Deus nos chama à alegria da vida

Afinal, o que aconteceu?

Até hoje muitos indagam. Não se pode compreender tal impacto na história dissociado do Deus pessoal da Criação. Ele em pessoa tornou-se homem. Bento XVI menciona Schnackenburg para explicar Jesus como "a relação e a ligação com Deus"[112]: "A pessoa de Jesus permanece obscura, irreal e inexplicável sem este fundamento em Deus"[113]. E acrescenta que:

> "[...] é essencial para a fé bíblica que ela se refira a um acontecimento realmente histórico. Ela não narra a história como símbolo que se situa acima de verdades históricas, mas fundamenta-se sobre a história, que tem de acontecer sobre o chão desta terra. O *factum historicum* não é para ela uma cifra simbólica que se possa trocar, mas sim base constitutiva: *Et Incarnatus est*; professamos com estas palavras a nossa fé na efetiva entrada de Deus na história real"[114].

Abraão, Moisés, Davi e os profetas foram interlocutores. Agora, Ele mesmo, o Deus vivo, em Jesus, tornou-se a voz da História.

A novidade de Sua mensagem (a Boa Nova) está no anúncio de Seu Reino. Há um Reino de Deus (próximo de nós), a que todos estamos destinados. Como na parábola, somos todos convidados a uma festa. Deus nos chama à alegria da vida, mas quer de nós uma adesão livre e consciente. Não é um Deus que impõe o Seu Reino, mas lembra-se de que nós somos herdeiros, com direitos de filhos, a participar da Sua Glória. E o Papa lembra mais uma vez: Jesus é "o Reino de Deus em pessoa"[115], por isso "é a vida em plenitude, precisamente porque não é apenas 'felicidade' particular, alegria individual, mas o mundo que chegou à sua forma certa — a unidade entre Deus e o mundo"[116].

Em meio a tantas interpretações sobre o mistério de Jesus na história, foi preciso uma baliza segura, uma bússola a partir da vivência do primeiro que creu: Pedro, que recebeu do próprio Jesus as chaves para ligar e desligar a porta da vida, e ser pontífice. E então, nova promessa: "Tú és Pedro, e sobre esta pedra edificarei a minha Igreja, e contra ela, as portas do inferno não prevalecerão"[117]. Pedro recebeu tais poderes pois foi "o primeiro a testemunhar"[118] a ressurreição de Jesus e o primeiro apóstolo a reconhecer n'Ele o Deus vivo presente na história. Na primeira séria divergência entre os apóstolos, em Jerusalém, Pedro decidiu por Paulo e Barnabé e não houve mais dúvidas: o Evangelho veio para todos, indistintamente.

Na instituição da Eucaristia, Jesus se tornou memorial permanente e em Jerusalém estabeleceu uma nova e eterna aliança, e um novo mandamento: amar a Deus acima de todas as coisas e o próximo como a si mesmo. Resumiu de modo admirável o que havia entregado a Moisés. Agora, o mandamento dá ênfase ao atributo maior de Deus. Ele é Aquele que é, porque ama e "quer que nos tornemos pessoas que amam"[119]. Sabe que isso é possível, porque "somos imagens d'Ele. Porque Ele é, como nos diz São João, o amor, e quer que haja criaturas que sejam semelhantes a Ele; criaturas que, a partir da liberdade do seu amor, se tornem como Ele e Lhe pertençam e, desse modo, irradiem, por assim dizer, a luz d'Ele mesmo"[120]. Tais fatos tiveram e continuam tendo grande repercussão! Um mistério entranhado na história a exercer uma tão admirável força atrativa, apesar das controvérsias e instrumentalizações de poder e ideologias em meio a tudo isso.

O amor visa a eternidade

Meus jovens! Aqui entramos num ponto importante: o Verbo se tornou carne para isso: para "que nos tornemos pessoas que amam"[121], para, a partir disso, sermos o sal da terra e a luz do mundo. A encarnação do Verbo está associada à Criação do universo como um ato de amor.

De modo significativo quis o Papa Bento XVI destacar em sua primeira encíclica *Deus Caritas Est* que "o amor de Deus por nós é questão fundamental para a vida e coloca questões decisivas sobre quem é Deus e quem somos nós"[122]. Fomos criados para participar do amor de Deus, que não é um inebriamento fugaz, mas um êxtase definitivo, um amor que abrange toda a nossa existência, na dimensão integral da pessoa humana. A realidade de Deus é um fato adensado na tessitura da história, mostrando por meio dos acontecimentos que somente em Deus é possível a vida plena, daí o imperativo do primeiro mandamento. O amor a Deus deve preceder a todas as coisas. Há uma exigência de exclusividade: "Apenas esta única Pessoa"[123], Aquele que É o que ama para sempre: "a sua promessa visa o definitivo: o amor visa a eternidade"[124]. E, certamente, como experimentou Santa Teresa de Ávila, a união definitiva com Deus é o mais excelso êxtase do amor que nunca se acaba, a verdadeira alegria da vida, porque preenchida por tudo o que satisfaz por completo, e com um tal transbordamento de felicidade, que só o contentamento do céu pode propiciar, pois que "a alma que goza de Deus terá o desejo satisfeito quanto a posse de todo bem, também o seu desejo será satisfeito no tocante ao afastamento de todo o mal"[125].

Aquele que É manifestou-se como caminho, verdade e vida

O anúncio do Reino por Jesus no Sermão da Montanha abriu, portanto, uma "escola de felicidade"[126], porque "a fé dá alegria"[127]. E esse júbilo está justamente na "comunhão com o Senhor. Ele é uma luz última de felicidade na vida do católico"[128]. Mas o caminho para se alcançar essa união definitiva com Deus (o "êxtase para o divino"[129], é uma *via estreita*, porque exige da liberdade uma adesão que "requer um caminho de ascese, renúncias, purificações e saneamentos"[130]. Tudo isso porque o amor exige a elevação da pessoa, um percurso vertical de gradações e amadurecimentos, para evitar desvios e desmedidas que degradem a pessoa, em vez de promovê-la e humanizá-la, pois só verdadeiramente humanizada, a pessoa pode alcançar a união com Deus: "É o próprio Deus encarnado que nos purifica verdadeiramente, e atrai a criação unindo-a com Deus"[131]. Por isso, em Jesus, reconhecemos também a verdadeira humanidade, porque Suas atitudes mostraram compadecimento das nossas fragilidades e nos reergueram para a dignidade.

"Assombra a 'densidade' histórica do Novo Testamento"[132]. Prevalece a concisão dos dados, o texto enxuto dos Evangelhos. No próprio Credo, Pilatos é citado para não haver dúvida da circunstância e local em que Jesus viveu. Júlian Marías lembra a historicidade do Verbo encarnado como "alguém com quem se pôde conviver, com quem se pôde falar, a quem se pode imaginar, a quem se pode evocar c invocar, mas que é Deus"[133]. A sua presença pessoal foi impactante, atraiu multidões e teve autoridade. Ao deixar os discípulos de Emaús, após cear com eles, foi comovente o pedido que fizeram: "Fica conosco, Senhor!"[134]. E então outra promessa: a de que Ele permaneceria conosco, por todas as gerações, animados pelo Espírito Santo, até seu retorno glorioso, na consumação dos séculos.

Na verdade, a "plenitude dos tempos"[135] não significou "o fim da história, sua culminância, mas sim seu começo verdadeiro"[136]. Houve a redenção da humanidade, com o caminho seguro para a união com Deus, apresentado pelo próprio Criador: "Jesus em pessoa indica-nos o caminho: Ele que é simultaneamente Deus e Homem, torna-nos capazes de Deus"[137]. Aquele que É manifestou-se como caminho, verdade e vida[138]. Foi o começo verdadeiro de um retorno à casa do Pai, como na parábola do filho pródigo. E toda a dramaticidade do relato bíblico, no conjunto de todas as suas histórias, retomam o mesmo roteiro: é preciso reaver a nossa herança, porque temos um Pai que é o primeiro a vir em nosso encontro e socorro, para ter de volta o que havia sido perdido. Em várias parábolas Jesus se utiliza de imagens para reforçar essa temática. Ainda hoje, talvez de modo mais intenso, especialmente na vida da Igreja, fica mais evidente que o caminho, muitas vezes desviado, precisa ser retomado, para que haja a vida verdadeira e abundante.

Jesus ainda hoje permanece um desconhecido por muitos, especialmente o seu modo de ser e de agir. Ele atuou com a percepção de necessidades concretas e legítimas, suprindo-as com seu poder sobrenatural: a falta do vinho na festa de casamento, a multiplicação dos pães e dos peixes, a pesca milagrosa, as curas de inúmeros enfermos e até mesmo a ressurreição da filha de Jairo, do filho da viúva de Naim e do amigo Lázaro. Tudo isso na dimensão soteriológica. As curas visavam a salvação da pessoa por inteiro, não apenas a erradicação de uma dor temporal. Jesus não era indiferente ao sofrimento alheio, e atendia ao que era solicitado, ressaltando: "a tua fé o salvou!"[139]. Havia um movimento correspondente. Jesus pôs-se a caminho até os sofredores, e operou milagres àqueles que O chamaram pelo nome. Mais uma vez a liberdade entrava em cena como fator decisivo nessa relação. A salvação só é possível pela fé. Nesse sentido, Jesus foi categórico: "Quem crê em mim, será salvo!"[140].

A Igreja assumiu o caminho da vida

No ano da fé, Bento XVI recordou o critério de Jesus: a fé "que atua pelo amor"[141], e até hoje tem sido assim. "A fé é um caminho, e é preciso reconhecer as etapas"[142]. A Igreja assumiu este caminho, que na verdade é uma escalada, pois visa uma elevação. Não é mesmo um caminho fácil. "Ninguém encontra, logo de partida, o meio certo"[143]. E nem também um caminho a ser percorrido sozinho, pois ser Igreja é ser comunidade. Assim como na história pessoal de cada um, há tropeços, desordenamentos, excessos, equívocos e até maldades, que colocam barreiras, emperrando muitas vezes o esforço pelas virtudes necessárias para alcançar Aquele que É o Altíssimo. "Faz parte da fé a paciência do tempo"[144]. E a Igreja tornou-se "perita em humanidade"[145] justamente porque tem paciência. Afinal, já são vinte séculos de percurso. E toda vez que ela foi fiel à Tradição (aos preceitos da Sagrada Aliança), a sua história foi exuberante. Mas é uma história de luzes e sombras, e de sombras muito espessas quando cedeu às tentações oferecidas ao próprio Jesus no deserto. De modo especial com a modernidade, tais tentações tiveram maior apelo. Assim como Jesus deu o exemplo, a Igreja ergueu a humanidade a níveis elevados de civilização quando soube ser força de resistência e levantar o olhar para a destinação última do homem: estar ou não com Deus. "O essencial da religião é a relação do homem com o desconhecido para além de si mesmo, com o que a fé chama Deus"[146]. É missão da Igreja levar o homem até Deus, daí seu papel condutivo. Falhar nesse sentido é dificultar o projeto de Deus, com as dolorosas consequências conhecidas, em todos os aspectos. "Se Deus não está presente, o mundo desertifica-se e tudo se torna aborrecido, tudo é completamente insuficiente"[147]. Por isso, a responsabilidade ainda maior da atuação dos que são Igreja, dos que têm postos nela (religiosos e leigos), no desafio do encorajamento à fé que deve sempre atuar pelo amor, em consonância com os critérios de Jesus.

Os santos testemunham a fidelidade ao Divino Mestre

Desde o início, a Igreja se viu em combate, com muitas forças adversas. Na primeira fase, o sangue dos mártires surpreendeu os que procuravam entender que força era aquela que os movia a grau tão alto de heroísmo e santidade? Não era a defesa de uma convicção apenas conceitual, simplesmente uma grande ideia bonita e comovente. Mas a adesão consciente a uma Pessoa, a Jesus Cristo, que inúmeras vezes repetiu aos seus discípulos: "Não tenham medo!"[148]. Mesmo depois, institucionalmente forte, os santos sempre se viram perseguidos, de muitas formas, principalmente quando propunham à Igreja maior fidelidade ao Mestre fundador. "Cada santo é um reformador, na medida em que dá uma nova vitalidade à Igreja e também a purifica"[149]. A imagem da rede lançada ao mar utilizada pelo próprio Jesus nunca deixou de ter atualidade. Especialmente hoje, insiste Bento XVI em dizer, que a rede apanha bons e maus peixes, e caberá ao pescador fazer o discernimento. Mas somente Ele poderá fazê-lo de modo inteiramente adequado.

> "Como a de Jesus, a presença dos santos foi sempre um sinal inquietante e muitas vezes incômodo para os seus contemporâneos. Eis porque todos os homens de Deus experimentaram, de um modo ou de outro, a solidão, a incompreensão ou a infâmia; a perseguição, a calúnia ou o desprezo; a Cruz, numa palavra. 'Estes são os que de geração em geração seguiram Cristo' — recordava João Paulo II na cerimônia de beatificação de Josemaría Escrivá e Josefina Bakhita: 'através de muitas tribulações entraram no Reino de Deus'"[150].

A vida dos santos fulgura na história da Igreja como as estrelas fixas no céu. São eles que trabalham pelo alimento que não perece e dá renovada vitalidade à Igreja. Trabalham por dentro de sua estrutura, mesmo também por dentro atuando tantos que visam miná-la.

O combate pela vida não acontece somente fora, com os inimigos externos declarados da Igreja, mas também em seu interior: o joio que cresce parecido com o trigo, a causar danos, e atingindo artérias delicadas na tessitura interna do organismo, combalindo-o, muitas vezes provocando anemias agudas, como em nosso tempo. E os santos então reagem para salvaguardar o essencial. "Mas — como lembra Bento XVI — por reformadores entendem-se, normalmente, pessoas que tomam medidas estruturais e que se movem, por assim dizer, no domínio das estruturas"[151]. E completa dizendo que "os reformadores agora não vêm, com certeza, de fóruns e sínodos, que também têm a sua razão e às vezes também a sua necessidade, mas virão de personalidades convincentes às quais podemos chamar santos"[152].

Um percurso de purificações

Santo Agostinho é um dos exemplos do quanto uma personalidade convincente, perante a comunidade de fé, pode fazer em tempos de grave crise. Na sua época, ele teve "a impressão de assistir uma derrocada total"[153]. Tudo parecia ruir à sua volta. "Daquilo que ele amara, proclamara e defendera — o que restava agora?"[154]. Tal o sentimento que assalta a muitos hoje, em meio ao contexto cada vez mais desafiante da pós-modernidade, com hostilidades mais intensas contra os que professam a fé na ressurreição de Nosso Senhor Jesus Cristo. Essa mesma fé deu força à Igreja, nos tempos de grandes tempestades, e a fez superar as ondas aparentemente gigantescas das heresias e das ideologias totalitárias. Pelo testemunho dos santos foi possível novamente ver Jesus acalmar as águas, e a Igreja prosseguiu seu percurso mais purificada e mais desafiada por novas tormentas. O cisma de 1054 e a reforma protestante foram abalos profundos, mas a Igreja prosseguiu, combalida pelos estremecimentos, reerguida e renovada, sem que as suas raízes fossem atingidas, e conseguiu frutificar mais. Muitas vezes a Igreja pareceu entrar em colapso. Houve exageros, violências, abusos e injustiças, como a condenação de Santa Joana d'Arc à fogueira. As Cruzadas e a Inquisição tiveram os seus excessos, mas também seus santos. São Luís e São Pedro de Arbués são exemplos notáveis! O primeiro alcançou com o seu testemunho "os altos ideais da cruzada"[155], tornando-se "um rei escatológico"[156], "o mais piedoso dos reis da terra"[157]. O segundo (que viveu um período de auge da Espanha justamente por se afirmar católica) foi o mártir defensor da fé, de alma nobilíssima a sofrer no punhal de seus adversários, que eram os inimigos do bem e da verdade, que ele assumiu com inteira fidelidade.

Em defesa da sã doutrina

E VEIO ENTÃO O NEVOEIRO DA MODERNIDADE, com seus ímpetos de desligamentos, rupturas, descontinuidades, fazendo impregnar sobre o solo da história substâncias de efeitos letais, até então sem precedentes. Ainda no seu início, o poeta romântico Shelley exclamou: "Oh, ando impaciente esperando a dissolução do cristianismo"[158]. Pouco depois, Nietzsche disse ter constatado a morte de Deus. E quando os ateus anunciam que Deus morreu, Ele reaparece, aqui e ali, ressuscita, deixando os ateus sem saber o que fazer com um Deus que eles não conseguem fazer desaparecer da história.

Durante muito tempo se indagou se é possível conciliar Igreja e Modernismo. Muitos se empenharam por isso, o esforço mais recente de repercussões bastante inquietantes, pode talvez ser resumido pela expressão *aggiornamento*[*]. Cinquenta anos depois, certas práticas decorrentes de interpretações e instrumentalizações do Concílio Vaticano II provocam angústias e apreensões. Há componentes culturais e doutrinais entre Igreja e Modernismo inconciliáveis, o que hoje Bento XVI enfatiza ao ressaltar como valores inegociáveis. Enquanto a Igreja buscou sempre a unidade, "a modernidade é a cisão da sociedade cristã"[159]. São forças antagônicas e antípodas. Como então esperar uma convergência, se o furor do

* Expressão em italiano com significado próximo a atualização e adequação ao tempo presente. Explica Monsenhor Brunero Guerardini, em sua obra *Concílio Ecumênico Vaticano II, um debate a ser feito* (Brasília: Pinus, 2011, p. 34): "Fundamentado na circunstância das 'radicais mudanças históricas' — no entanto, não esclarecida, especialmente quanto à secularização que, do Iluminismo em diante, operou um progressivo distanciamento de toda a realidade do transcendente em geral e do Cristianismo de modo especial — o *aggiornamento* começou a configurar-se como uma possibilidade de relações não necessariamente conflituosas entre a Igreja e as mudanças citadas acima. A palavra de ordem, sobretudo na política, era então ‹modernização›: usando tal palavra os partidos e governos, na Europa e no mundo, qualificavam o próprio comportamento e as próprias iniciativas. O Vaticano II respondeu com *aggiornamento* para pôr-se assim em sintonia com os novos tempos".

modernismo tem a Igreja, desde o início, como um alvo principal, visando à sua dissolução? Os modernistas nunca esconderam a aversão para com a Igreja, e tudo fizeram para sistematizar uma corrosão de "suas fibras mais vitais"[160], atacando a Igreja por fora e também por dentro da instituição. Com a coragem que lhe valeu a santidade, o Papa São Pio X definiu o modernismo como "a síntese de todas as heresias"[161], com sua "audácia sacrílega"[162], investiu o ataque mais orquestrado das forças hostis contra a Igreja, utilizando-se de táticas e estratégias sutis e sofisticadas, para "derramar o vírus por toda a árvore, de sorte que coisa alguma poupam da verdade católica"[163].

Os inimigos mais perigosos passaram a agir por "dentro da Igreja"[164], e já há tempos "tramam seus perniciosos conselhos; e, por isto, é por assim dizer nas próprias veias e entranhas dela que se acha o perigo, tanto mais ruinoso quanto mais intimamente eles a conhecem"[165]. E os ataques externos e internos se intensificaram cada vez mais no afã de fazer com que ninguém mais suporte a *sã doutrina*[166].

Mas é justamente na defesa da *sã doutrina* que a Igreja encontrou e sempre encontrará a providência de Deus, a protegê-la de seus inúmeros inimigos. Por isso, a Igreja é força esplendente na história, na *comunhão dos santos*.

O itinerário de todo santo é marcado pelo deserto e pela cruz, a exemplo do que viveu Jesus, o Divino Mestre. Até mesmo no interior da Igreja, o seguimento a Jesus pode, muitas vezes, tornar-se um calvário. Hoje, por exemplo, muitos padres, desejosos de prestar o devido culto litúrgico a Deus, sofrem padecimentos incontáveis por parte até mesmo de seus bispos, quando optam pela celebração da missa tridentina. Eles encontram o apoio do povo, obtém um número expressivo de fiéis que querem celebrar a missa de rito romano, em latim, mas são rechaçados por aqueles que insistem numa liturgia cada vez mais profana, cujo resultado tem sido não uma aproximação com o povo, mas um esvaziamento espiritual, com a consequente evasão de fiéis. Com o *Motu Proprio Summorum Pontificum*[167], de Bento XVI, o movimento pela valorização da missa tridentina tem avivado a esperança de a Igreja evitar o ataque de seus inimigos contra a Sagrada Eucaristia, e a missa tradicional é a melhor defesa contra tais investidas. Depois de atingir duramente a moral cristã, os inimigos da Igreja desejam atingir a sacralidade da Eucaristia.

Uma história de altos e baixos, sempre surpreendente

Em certos momentos da história da Igreja, o joio parece ser mesmo mais abundante. Mas, como maravilhas do cotidiano, a santidade desponta com a sua coragem e vigor, a dar brilho e perdurabilidade ao Corpo Místico de Cristo, do qual pertencem todos os que creem em seus ensinamentos e de modo especial na Sua ressurreição e realeza. É uma história cheia de altos e baixos, sempre surpreendente. Um corpo robustecido pelo Espírito Santo, de ânimo permanente, apesar das fraquezas de muitos de seus membros. Não foram poucas as "faltas cometidas pelos filhos da Igreja"[168]: houve condescendências inaceitáveis, omissões vergonhosas, incoerências, impasses e enfrentamentos inevitáveis. Mas também iniciativas civilizatórias, de esplendor humano universal, de fecundidade caritativa em defesa, proteção e promoção da pessoa humana, em todos os aspectos. Houve beleza e arte, ciência e genialidade, e histórias edificantes. E até em nossos dias, há excelsas virtudes de uma sã minoria que correspondem de modo admirável ao projeto de Deus, com profundo realismo. E por conta disso tudo, o cristianismo continua influindo.

"A Igreja é uma sociedade viva que atravessa os séculos"[169], e experimenta como todo organismo vivo, períodos de debilidade, até mesmo enfermidade, decorrentes sempre do enfraquecimento às vezes até a exaustão, provocado pelo acúmulo de pecados pessoais e sociais. Mas a Igreja alcançou, enquanto instituição, significativa longevidade, porque soube se corrigir dos próprios erros metodológicos, e aprendeu muito também com os erros de seus adversários. Tudo isso, aliado à sua clássica paciência, que faz dela a antiquíssima e certamente a mais promissora das instituições existentes. Enganam-se aqueles que acham que ela esteja esgotada ou nocauteada. "A Igreja é viva e é jovem!"[170], afirmou Bento XVI em sua homilia inaugural. Por isso, jovens, dirijo-me a vocês neste momento, para reforçar o amor à Igreja e a esperança de que o ano da fé — que me move a escrever esta carta — seja capaz de revelar "o autêntico rosto de Deus"[171] ao mundo: um rosto que não é uma máscara, nem uma fantasia, mas uma realidade viva, a expressar um olhar sempre benevolente.

Um contexto que requer discernimento

Em 2000, a Comissão Teológica Internacional, no documento *Memória e Reconciliação: a Igreja e as Culpas do Passado*[172], lembrou as palavras da *Gaudium et Spes*, de "que 'na gênese do ateísmo', os cristãos podem ter tido 'uma certa responsabilidade', na medida em que com a sua negligência 'antes esconderam do que revelaram o autêntico rosto de Deus e da religião'"[173]. Isso porque, hoje, os inimigos internos da Igreja agem com táticas *gramscianas**, assumindo postos de decisão, e, em diversas situações, se utilizam da retórica e de sutilezas para difundir conceitos e práticas que se opõem aos verdadeiros princípios e valores da *sã doutrina* católica. É preciso, portanto, saber a quem defendemos e o que defendemos, e o Catecismo da Igreja Católica, bem como a Doutrina Social da Igreja, a Sagrada Escritura (a Igreja tem documentos para a apropriada interpretação dos textos

---

* Referentes às estratégias de revolução cultural propostas pelo intelectual marxista Antonio Gramsci (1891-1937). Explica Rafael Gambra Ciudad, em seu livro *Historia sencilla de la filosofía* (Madrid, Rialp., 1997, 22 ed., p. 212-214): "A ideia propulsora do pensamento gramsciano é a de que Revolução nunca se realizará verdadeiramente enquanto não se produza de um certo modo orgânico e dialético dentro do que Gramsci chama uma *cultura*, que é o que haverá que desmontar e substituir ao próprio tempo que se utiliza. Se a revolução brota de um ato violento ou de uma ocupação militar, sempre será superficial e precária, e se manterá assim mesmo em um estado violento. O homem não é uma unidade que se justapõe a outras para conviver, se não um conjunto de inter-relações ativas e conscientes. Todo homem vive imerso em uma *cultura* que é organização mental, disciplinada por meio de uma autocrítica, que será motor de mudança. A vida humana é um emaranhado de convicções, sentimentos, emoções e ideias; ou seja, criação histórica e não natural. Daí o interesse de Gramsci pelo cristianismo ao que considera germe vital de uma cultura histórica que penetra na mente e na vida dos homens, suas reações profundas. Será preciso, para que a revolução seja orgânica e 'cultural', adaptar-se ao existente e, pela via da crítica e a autoconsciência, desmontar os valores últimos e criar assim uma cultura nova. O aríete para essa transformação será o Partido, vontade coletiva e disciplinada que tende a fazer-se universal. Sua missão será a infiltração na cultura vigente para transformá-la em outra nova materialista, a margem da ideia de Deus e de tudo de valor transcendente". Disponível em: <http://amigocruz.blogspot.com.br/2010/09/compreenda-o-que-e-o-gramscismo-e.html#ixzz1lQEbCohS>. Acesso em: 22 maio 2013.

bíblicos), os documentos pontifícios, são referências seguras para o fiel católico assumir a fé em Nosso Senhor Jesus Cristo, sem os erros que levam muitos a concepções equivocadas do que venha realmente ser o seguimento a Jesus Cristo, à luz da fé católica. Não é fácil o discernimento em meio à pluralidade de opiniões e apelos imediatistas, mas a *via estreita* oferecida pela Igreja é caminho de salvação, e aquele que quiser viver a beleza e a fecundidade da fé, com o ardor evangelizador que marcou a vida de todos os santos, saberá que a Igreja Católica é rocha inconcussa, e o ministério petrino é seguramente a bússola e a âncora para não haver dispersões no nevoeiro do relativismo e outros enganos. Nesse sentido, os extremos desses desvios devem ser evitados (tanto do relativismo quanto do fundamentalismo e outros), daí a necessidade de o católico estar sempre em profunda comunhão eclesial, a partir da cátedra de Pedro, resistir contra toda forma de embuste, farisaísmo e demais cantos de sereia. A palavra-chave para isso é o discernimento. "As comunidades vivas da Igreja estão sempre precisando de uma palavra de apoio que lhes dê a certeza da sua identidade e que as leve a se motivarem a si mesmas a viverem o que são"[174]. Serão sempre iluminadas e fortalecidas pelo Espírito Santo, quando houver o "sim comum ao Deus vivo"[175], mesmo enquanto "Igreja de uma minoria"[176], se for o caso, em alguns momentos tem sido assim: uma minoria fiel à Tradição, ao modo de ser Igreja na história, daquela mesma maneira como o próprio Deus age em nosso cotidiano. É possível que vivamos "um cristianismo quantitativamente reduzido que pode levar a uma nova vivacidade desse cristianismo mais consciente"[177]. E é por isso que neste século de amadurecimento constatamos claramente o que é constante na história da Igreja, a de que "no cristianismo há sempre o novo começo"[178].

Os ensinamentos de Jesus

Então, meus caríssimos jovens, de tantas partes do mundo, que se interessam pelo mistério de Jesus Cristo na História, que querem conhecê-Lo e amá-Lo, que se sentem atraídos pela Sua luz, sabem que Jesus coloca "uma marca no tempo, algo de novo acontece"[179]. Há uma novidade que ressoa por todas as gerações, até os nossos dias: "o eixo da pregação pré-pascal de Jesus é a mensagem do Reino de Deus"[180]. E, sobre isso, gostaria agora de me deter nesta missiva a falar daquilo que Jesus anunciou como verdade de vida, e que nos torna como os discípulos de Emaús, a querer sempre a proximidade de Cristo:

> "Ele é o Caminho, a Verdade e a Vida, que alcança a pessoa no cotidiano de sua existência. Marcados, mediante o dom da fé, pelo encontro com o Redentor, os fiéis são chamados a tornarem-se eco do acontecimento de Cristo, a serem eles próprios 'acontecimento' [e permanecer em Cristo, presença da vida verdadeira]"[181].

Lembro-me de ainda criança das cenas enternecedoras do filme *Jesus de Nazaré*, de Franco Zeffirelli*; do olhar compassivo de Jesus para com a multidão aflita. Anos depois, na Galileia, pude contemplar a paisagem vista da Igreja das Beatitudes, onde a tradição afirma ter Jesus proferido o Sermão da Montanha. Significativa ainda a visita ao local atribuído onde Jesus ensinara o Pai Nosso. Havíamos participado da celebração eucarística numa embarcação em pleno mar da Galileia, presidida pelo sacerdote claretiano Pe. Helmo César

---

* Gianfranco Corsi, cineasta florentino conhecido como Franco Zeffirelli, dirigiu a minissérie ítalo-britânica *Jesus de Nazaré* (1977), como também outros clássicos como *Romeu e Julieta* (1968), *La Traviata* (1982), entre outros. *Jesus de Nazaré* (tendo Robert Powell no papel de Jesus) é um filme cujo original tem mais de seis horas e umas das mais belas produções cinematográficas da vida de Jesus.

Faccioli, pároco da Igreja Imaculado Coração de Maria, de São Paulo. No jardim do Monte das Beatitudes, há espalhadas placas com inscrições de cada bem-aventurança.

> "Segundo a tradição, o monte das bem-aventuranças é uma elevação situada ao norte do lago de Genesaré: quem já esteve lá alguma vez, quem desfrutou a larga vista sobre as águas do lago, quem sentiu com a alma o céu e o sol, as árvores e os prados, as flores e o cântico dos pássaros, não pode esquecer a admirável atmosfera de paz, de beleza da criação, que se encontra ali numa terra infelizmente carente de paz"[182].

Dali pude imaginar o povo reunido e Jesus, sem nenhum aparato tecnológico, em meio a tanta gente, falar com autoridade daquilo que é essencial do seu ensinamento: a descrição daqueles a quem está reservado o Seu Reino, na vida eterna[183].

> "Jesus anuncia, à medida que fala do Reino de Deus, simplesmente Deus e precisamente o Deus vivo, que é capaz de agir de modo concreto no mundo e na história e que já está exatamente agora em ação. Ele nos diz: Deus existe. E: Deus é verdadeiramente Deus, quer dizer, Ele tem nas suas mãos os cordelinhos do mundo"[184].

O Sermão da Montanha se estende no Pai Nosso, a principal oração de todos os cristãos. Mais uma vez o céu é colocado em relevância, pois é lá que está Aquele que É. Mas é também Alguém próximo de nós, bem como o Seu Reino. A proximidade de Deus e do Seu Reino é marcada por uma relação de familiaridade. Jesus se apresenta como Filho, de um Deus que é Pai. Há um Reino, portanto, em que todos somos filhos e herdeiros, e estamos todos destinados a alcançar. Não se trata de uma realidade de vida plena apenas para os mais fortes, os mais aptos ou os mais espertos. A mensagem de Jesus tem um alcance inteiramente novo: Deus nos deu a vida para sempre, e tem nos reservado um lugar em Sua Casa, que é também a nossa Casa, como filhos. A parábola do Filho Pródigo certamente é a mais ilustrativa dessa realidade. Repete o drama adâmico da desobediência e do afastamento da Casa do Pai, e as consequências disso. Quando se viu na charneca dos porcos, o filho se recordou do

Pai e então levantou-se para percorrer o caminho de volta. O Pai vem ao seu encontro com o abraço efusivo de quem se alegra na salvação daquele que havia sido perdido, daquele que havia perdido o sentido da vida, mas que recuperara a dignidade da vida, porque recordou-se da sua legitimidade de filho. Com Jesus, a proximidade de Deus e Seu Reino ficou mais evidente, pois Ele tornou visível o próprio Reino. "*Vita est enim esse cum Christo; ideo ubi Christus, ibi vita, ibi regnum* — Vida é, de fato, estar com Cristo; aí onde está Cristo; aí está a Vida, aí o Reino"[185].

O Reino de Deus anunciado por Jesus no Sermão da Montanha não se trata de uma utopia, muito menos de uma irrealidade. "Supera toda compreensão e toda imaginação. A Escritura fala-nos dele em imagens: vida, luz, paz, festim de casamento, vinho do Reino, casa do Pai, Jerusalém celeste, Paraíso"[186]. Mais do que um lugar, mas uma condição de vida, daquela vida plena. "O céu é o fim último e a realização das aspirações mais profundas do homem, o estado de felicidade suprema e definitiva"[187]. A provisoriedade desta vida prepara as condições da vida verdadeira, onde cada bem-aventurado "lá conserva — ou melhor, lá encontra — a sua verdadeira identidade, o seu próprio nome"[188]. Esta vida não deixa de ter valor por ser provisória, pois é a partir desta vida, do que fazemos com ela, que determinamos o que seremos na eternidade. A liberdade desempenha, portanto, um papel fundamental nessa questão: começamos aqui o que seremos lá. Quando Jesus anuncia o Seu Reino, confirma a *outra vida*, para a qual todos estamos destinados. O Seu Reino não é deste mundo, mas começa aqui a ser edificado, para ser completado na vida eterna. Ao realizar seu primeiro milagre, em Caná da Galileia, o mestre-sala exclamou: "Guardaste o melhor vinho para o final da festa!"[189]. A imagem do melhor vinho servido aos convidados de Caná representa de modo muito significativo do grande júbilo dos que alcançarem o Reino na fidelidade do seguimento a Jesus Cristo, caminho, verdade e vida[190]. O melhor vinho ao final da festa de Caná assume a representação daquilo que o apóstolo Paulo afirmara da visão do Reino: "O que os olhos não viram, os ouvidos não ouviram, e o coração do homem não percebeu, isso Deus preparou para aqueles que o amam"[191].

Um itinerário a ser seguido

No Sermão da Montanha, Jesus apresenta um itinerário a ser seguido, e o que caracteriza o ser e o agir dos santos. Não se trata de um roteiro impossível, com exigências sobre-humanas. Mas uma proposta para ser vivida na concretude do cotidiano, e que só pode ser realizada pela graça de Deus, que age conforme a nossa adesão ao Seu projeto de vida. Tudo o que é solicitado é apenas o assentimento, confirmado por procedimentos simples de quem confia não em si próprio, mas n'Aquele que É a força propulsora e sustentadora da santidade. Cada pessoa humana, "desde sua concepção, é destinada à bem-aventurança eterna"[192]. É Deus quem toma a primeira iniciativa em nos fazer santos, em querer que estejamos na glória da plenitude, junto ao céu que nos preparou desde o princípio. É Ele quem chama e espera a nossa resposta. É a partir de um *sim* que tudo acontece. E assim como age na História, Deus torna o Seu Reino uma presença e realidade também dentro de cada pessoa, confirmando o que Jesus disse: "O Reino de Deus está dentro de vós!"[193]. E ainda no Sermão da Montanha (que resume de modo admirável toda a *sã doutrina*), Jesus afirma: "Aonde está o seu coração, ali estará o seu tesouro!"[194]. Há portanto o mistério de um encontro, o "entrecruzamento de linhas visíveis e invisíveis, entre o céu e a terra"[195], e a santidade é sempre a chegada ao tesouro definitivo da vida, ao porto seguro de Deus.

Quis Jesus proferir o Sermão da Montanha publicamente e em lugar elevado, para ainda demonstrar a condição depurada da alma unida a Deus, que aceitou a gradação necessária para estar com Aquele que É o Sumo Bem, Altíssimo. Na bem-aventurança, a alma santificada "já não sente as solicitações dos vícios, nem seus assaltos, nem arremetidas ou tentações, pelo elevado grau de virtude a que chegou"[196], pois atravessado o deserto, a noite escura dos sentidos e a cruz, é certa a glória onde "nenhum mal poderá atingi-la"[197]. Por isso, no Pai Nosso, encerramos suplicantes para que estejamos livres do mal, e, junto a Deus, permanecer onde "se frui o lídimo tesouro"[198].

A história da Igreja, em meio às insuficiências da provisoriedade desta vida, tem sido "o esforço da civilização"[199] para "aproximar o homem do seu destino divino"[200]. O Reino de Deus, portanto, é apresentado para nós como meta final. E o drama da liberdade humana está em aceitar ou recusar o Reino oferecido.

Mas os reveses da vida penúltima fazem muitos descrerem e não compreenderem a pedagogia de Deus na história da salvação.

A revolta metafísica não desbanca Deus da História

A REVOLTA METAFÍSICA HORIZONTALIZOU TUDO, o que fez Camus afirmar em janeiro de 1936: "sou feliz neste mundo pois o meu reino é deste mundo"[201]. Diante disso, a insurgência se dá "contra a criação inteira. É metafísica por contestar os fins do homem e da criação"[202]. Com a Revolução Francesa (1789) e o regicídio praticado contra Luís XVI, começou então o processo de "abater no homem, depois do próprio Deus, toda a ideia de Deus"[203]. Para Nietzsche, não há mais o que fazer senão substituir Deus pelo homem, e para isso vale até mesmo "a exaltação do mal"[204]. O drama da liberdade se torna então mais intenso, pois "ser livre é ser livre também para escolher mal"[205]. A modernidade levou então aos extremos essa exaltação. Sem Deus, tudo é justificável para que o homem assuma o controle da história, mesmo com a insuficiência da razão e até mesmo apelando para a irracionalidade. Nietzsche exalta a inutilidade de Deus num mundo feito do acaso e sem unidade e finalidade alguma. Prevalece então a vontade humana, a vontade do mais forte sobre o mais fraco, vontade esta desprovida de qualquer moral ou compaixão. Do ponto de vista filosófico e político, o niilismo de Nietzsche legitima a filosofia anticristã que irá impregnar as ideologias totalitárias do século XX e ainda hoje na pluralidade cacofônica e nos "estranhos morais"[206] da pós-modernidade. E em meio aos efeitos da *cultura fraturada*[207], as instituições humanas se viram vulneráveis, no desamparo de patologias decorrentes da obsessão em substituir Deus pelo homem. Relativismo, fundamentalismo, ceticismo, niilismo, anarquismo e outros escapismos se tornaram expressões de um desespero existencial. A filosofia do absurdo reconheceu que "se o niilismo representa a impossibilidade de crer, o seu sintoma mais grave não se encontra no ateísmo, mas na impossibilidade de crer no que existe, de ver o que se faz, de viver o que se lhe oferece"[208]. São muitos os estilhaços por toda a parte, mas a Igreja continua o seu percurso, atingida e ferida por tantos dardos, com uma minoria criativa a afirmar cada vez mais a catolicidade de sua *sã doutrina*.

Ser Igreja no século XXI, portanto, é atravessar a tempestade da pós-modernidade, com seu agudo desafio, e como os discípulos em alto-mar, voltar-se a Cristo, "para que o que é cristão possa voltar a ser compreendido"[209].

A Igreja como sinal do Reino próximo a cada um de nós

O Reino de Deus é o tema principal das parábolas de Jesus. No Seu ensinamento, são muitas as imagens recorridas para expressar a nossa condição de exílio neste mundo (*vale de lágrimas*, rezamos na *Salve Rainha*), do engano em acumular o desnecessário, e da prontidão e vigilância exigida, pois o juízo é certo. O Reino de Deus é anunciado por Jesus como boa notícia, porque há também o juízo. Somente na vida ulterior será possível conhecer a verdadeira qualidade dos frutos produzidos nesta vida, a distinção e a condição justíssima do que cada um realizou nesta vida. Padecimentos e recompensas farão parte da realidade ulterior e definitiva, daí a exortação de fazermos o melhor que pudermos nesta vida, com vista da vida plena na eternidade.

Faz parte de um mistério até hoje não compreendido a perdurabilidade histórica da Igreja, de modo especial seus frutos civilizatórios, mesmo em meio a conflitos, dramas, angústias e crises em todas as épocas. "Esta sociedade sobrenatural encontrava-se intimamente ligada às instituições e aos seres da sociedade temporal"[210]. Deus se faz presente entranhado na realidade, e o Seu Corpo Místico peregrinante se move na história, robustecido pelo Espírito Santo, mesmo tantas vezes crucificado pelas ações inimigas, adversas ao Reino anunciado, com as barreiras da maldade. Daí o Espírito Consolador a sustentar a Igreja com a santidade de seus filhos mais valorosos.

Ainda uma palavra sobre a realidade do Reino de Deus e a Igreja como sinal do Reino próximo a cada um de nós:

> "Jesus anunciou o Reino de Deus e não um Reino qualquer [...] Não se trata de um 'Reino' iminente ou a constituir-se, mas sim da realeza de Deus sobre o mundo, a qual de um modo novo se torna acontecimento na história"[211].

A Árvore da Vida no Coração da História

Jesus apresenta, portanto, um modo de agir que supera as expectativas do mundo, está mais além, abrange mais e toca mais profundamente o coração da pessoa humana. Por isso a Sua mensagem do Reino não visou uma culminância temporal, mas uma diretriz pela qual as organizações humanas possam refletir de modo mais adequado as excelências do Reino. A imagem apresentada na parábola da pérola mais preciosa, que faz com que desfaçamos de todas as demais para adquirir aquela de maior valor, ilustra bem o discernimento que se faz necessário para a distinção entre os enganos dos poderes do mundo e a solidez daquela única soberania provinda da realeza de Deus. Quem tem olhos para ver, veja; quem tem ouvidos para ouvir, ouça: o Reino de Deus está próximo porque está ao alcance de todo aquele que ama verdadeiramente, do amor que quer o bem integral da pessoa humana.

Em muitas circunstâncias da vida, é preciso dar o mínimo para César e o máximo para Deus, pois o poder de César horizontaliza tudo e funciona como a pedra de Sísifo* a rolar morro abaixo porque não sacia o suficiente, e para alimentar sua voracidade, acaba sempre por oprimir. O poder de Deus, no entanto, verticaliza tudo, nos eleva à verdade do ser, completando o que nos falta a partir do amor de Deus, que é vida em abundância.

E o modo de Deus agir no mundo é suave. "Só pouco a pouco é que Ele constrói na grande história da humanidade a sua história"[212]. Desde Pentecostes, com a Igreja nascente, até hoje, o grão de mostarda foi crescendo como fermento na massa, com ramificações de uma árvore frondosa, atacada por pragas, parasitas e fungos, temporais e nevascas, mas que consegue verdejar a cada geração,

---

* Ver nota da pg. 25

para admiração de muitos. Há flores e também espinhos, aromas de doce fragrância, e delicados ninhos para vozes sonoras alegrar os dias. E também sombras frescas em tardes ensolaradas, sobre riachos de águas cristalinas, e frutos tão saborosos a cada estação. Árvore assim tão especial a sofrer arranhões, cortes, golpes constantes de serras e machados, e que não tomba porque sua madeira é de lei, nobilíssima, e mesmo os que avançam sobre suas raízes sentem as dificuldades, pois que não apenas caules e troncos são formosos, mas o que penetra a terra é de tal modo tão entranhado, de uma profundidade que parece atingir o magma da terra, mas mesmo assim, não são poucos, e agora muito mais aqueles que cavoucam a terra à sua volta, no afã de extirpar suas raízes, tal o sentimento de inveja a esta árvore da vida plantada por Deus no coração da história.

> "A mensagem de Jesus é muito simples, sempre mais teocêntrica. O que é novo e totalmente específico na sua mensagem é dizer: Deus está em ação agora, esta é a hora em que Deus se mostra na história, de um modo que supera tudo o que aconteceu até agora, como seu Senhor, como o Deus vivo. Neste sentido, a tradução 'Reino de Deus' é insuficiente, pois seria melhor caso se falasse da condição senhorial de Deus ou da soberania de Deus"[213].

O memorial do verdadeiro culto

Há também nas parábolas de Jesus o destaque de Deus como Senhor, em imagens do Bom Pastor, do bom administrador, do dono da vinha, do Pai que acolhe o filho pródigo. Por isso o senhorio de Deus se associa à sacralidade de uma relação filial. O filho tem a sua origem naquele que gerou a vida, e também no que sustenta a vida, especialmente quando se encontra fragilizada. Essa relação é de vínculo permanente, pois o filho tem a dignidade de herdeiro; participa, portanto, dos bens paternos, cuida também deles, pois a exuberância da vida requer esse cultivo, para o bem de todos. Ao instituir a Igreja, Deus coloca um sinal visível dessa paternidade e também maternidade, para que não haja orfandade, e cada pessoa possa saber ao que se ater no mistério da história. A Igreja passou a ser, portanto, a via da salvação, via muito estreita, mas caminho seguro para, por meio do batismo e dos demais sacramentos, haver concretude salvífica. "Deus e homem caminham juntos na história, e o templo tem a tarefa de assinalar de modo visível esta comunhão"[214]. Daí a importância do memorial permanente, do culto litúrgico apropriado para elevar e confirmar essa comunhão. Não há um único governante do mundo que tenha um culto organizado de adoração, para diariamente reviver o memorial de sua vida, com leituras que evocam a tradição do povo eleito e a palavra com toda a autoridade prometida para durar por toda a eternidade, num rito celebrativo. A liturgia católica não apenas rememora a palavra da salvação, bem como com a *transubstanciação* verdadeiramente torna presente Jesus Cristo nos altares, em corpo, sangue, alma e divindade após as palavras de consagração ditas pelo sacerdote. E a Igreja se manteve neste tempo bimilenar, pois que alimentou a liturgia (como sacrifício latrêutico*, eucarístico e impetratório), de devoção e culto expressos por uma fé cada vez mais amadurecida e enriquecida por beleza e arte.

O Concílio Vaticano II reconheceu que "a liturgia compõe-se duma parte imutável, porque de instituição divina"[215], mas também aceitou "partes suscetíveis de modificação"[216] e, com isso, chegamos ao que o então Cardeal Ratzinger expressara na apresentação do trabalho do Pe. Klaus Gamber, o que se viu enquanto aplicação do que havia sido proposto, em decorrência de instrumentalizações a partir de uma certa hermenêutica da ambiguidade, "não foi uma reanimação, mas uma devastação"[217]. E ainda naquela mesma obra o Cardeal Silvio Oddi indagou se "nestes últimos anos, não se viu introduzir na oração da Igreja 'elementos que não correspondam tão bem à natureza íntima da Liturgia' e que consequentemente deveriam ser modificados?"[218]. Por isso o *Motu Proprio Summorum Pontificum*[219], de Bento XVI, abriu um tempo de nova esperança para que a Igreja, a partir da Sagrada Liturgia, do Rito Romano, celebrada em latim, possa restituir o júbilo celebrativo que Trento soube promover e dar vigor à Igreja. O memorial ordenado por Jesus Cristo ("Fazei isto em minha memória!"[220]) é a sustentação da Igreja e a sua proteção contra todos os seus inimigos, porque na Igreja a oração deve preceder a ação, como no lema de São Bento: *ora et labora*.

* Diz respeito à Santa Missa como sacrifício que honra a Deus. Do grego *latreutikós*, que diz respeito a latria, que significa culto de adoração dado somente a Deus. E também como reconhecimento e gratidão (eucaristia) e sacrifício mais eficaz de impetração (de súplica), de rogo a Deus, para a obtenção das graças.

A nova geração anseia por compreender Cristo

É COM A INTENSIDADE DA VIDA INTERIOR propiciada pela oração que o memorial se perpetua como ação salvífica. É a partir do culto de adoração ao verdadeiro Deus que as obras da fé se manifestam como maravilhas que suscitam o inebriamento da alma, a exemplo do que aconteceu em Pentecostes.

> "O Salvador dá uma importância primordial ao espírito de oração. Lançando um olhar sobre o mundo e sobre os séculos vindouros, e vendo a multidão de almas chamadas aos benefícios do Evangelho, Jesus exclama entristecido: 'A seara é grande, mas os trabalhadores são poucos' (Mt 9, 37). Que meio irá propor para difundir, rapidamente, a sua doutrina? Exigirá que os seus discípulos frequentem as escolas de Atenas ou estudem junto dos césares de Roma, como se conquistam e governam os impérios? Escutai o Mestre, ó novos apóstolos! Ele indica-nos um programa luminoso: 'Rogai pois ao Senhor da seara que envie trabalhadores para a sua seara' (Mt 9,38). Sábias organizações, recursos a procurar, templos a erigir, escolas a construir: nada disto menciona. 'Rogai, pois'. A oração, o espírito de oração, eis a verdade fundamental que o Mestre não cessa de recordar. O resto virá por acréscimo"[221].

No momento em que vivemos, em que os jovens da nova geração anseiam por compreender Cristo, daí tanto afluxo às Jornadas Mundiais da Juventude, inauguradas pelo beato João Paulo II, recordamos o ensinamento de Jesus, que instituiu a Igreja com o espírito de oração, fazendo da Eucaristia a Páscoa permanente, passagem para a vida nova e definitiva, purificação e redenção, elevação e santificação. "A Igreja forma-se a partir da Eucaristia. Dela recebe a sua unidade e a sua missão. A Igreja deriva da Última Ceia, mas por isso mesmo deriva da morte e ressurreição de Cristo, por Ele antecipadas no dom do seu corpo e do seu sangue"[222], pois o verdadeiro culto significa adoração ao verdadeiro Deus. E hoje mais do que nunca é preciso repetir corajosa e solenemente o que o Papa Pio XI destacou em 1928, na encíclica *Mortalium Animos*, ao mencionar Lactâncio: "Só [...] a Igreja Católica é a que retém o verdadeiro culto. Aqui está a fonte da verdade, este é o domicílio da Fé, este é o Templo de Deus: se alguém não entrar por ele ou se alguém dele sair, está fora da esperança da vida e salvação"[223].

A PORTA DA VIDA

CARÍSSIMOS JOVENS,

O mistério da fé, de modo especial o da fé cristã, nos leva a compreender os paradoxos da história, pois que, "nesta terra, os justos não estão organizados numa sociedade constituída exclusivamente por eles"[224].

A Igreja é constituída de homens santos e pecadores, de convertidos sinceros e dissimuladores, de abnegados e interesseiros, de autênticos discípulos de Cristo e também de seus inimigos. Mas "o Senhor conhece quem é d'Ele"[225].

O amor a Deus é sempre o amor na verdade e, muitas vezes, há os que recorrem às conveniências de um amor dissimulado, e com isso afasta muitos outros do verdadeiro amor a Deus. O fato é que há peixes bons e maus na mesma rede, cuja distinção de quem é quem será feita no dia do Juízo. O próprio Cristo julgará os que em nome d'Ele escandalizaram com as sutilezas do engodo. Muitos dos que têm postos, que são chamados por desafios do cotidiano a abrir as portas da vida, se omitem ou até impedem as melhores iniciativas, fazendo sofrer ainda mais a Cristo. "Quem deu o cristianismo ao mundo? O heroísmo dos pontífices, dos bispos, dos sacerdotes santos. Quem lacerou as vestes da Igreja? [...] 'O teu povo e os chefes dos sacerdotes entregaram-te a mim' (Jo 18,35), disse Pilatos a Jesus. É uma frase que faz tremer"[226]. Mas, mesmo em meio a tanto joio, o mistério da fé cristã chama os santos à Igreja, para nela fazer cultivar a seara do Senhor. São Giovanni Calabria responde lucidamente ao mistério da força do que é santo presente na Igreja:

> "Sabemos que em 1790 havia em todo o mundo cristão mais de 7 mil conventos, só de franciscanos, com 120 mil religiosos, excluindo as mulheres; acrescente-se os religiosos de todas as outras ordens e congregações, e junte-se-lhes ainda os sacerdotes do clero secular, que

eram numerosíssimos. Com um tão grande número de defensores, como se explica a tempestade da Revolução Francesa, que também se abateu sobre a Igreja?

E contudo, com apenas doze homens, Jesus partiu à conquista do mundo. Mas eram santos!"[227]

Saibam, jovens, que vocês são chamados a ser santos! E, muitas vezes, amar o verdadeiro Deus é "estar prontos para sofrer"[228], justamente quando os santos se veem no deserto e com o peso da cruz. A *via crucis* foi um caminho percorrido por Jesus, e não há discípulo maior que o Mestre. Faz-se necessário, portanto, redescobrir o sentido da cruz, em nossa época de hedonismo e individualismo, em que se perde gradativamente a compreensão do valor do sacrifício e da renúncia ao mal. Pois "se a vossa virtude não superar a dos escribas e fariseus, não entrareis no Reino dos Céus"[229].

Cristo chama para o Reino que começa aqui a ser edificado

Muitos se acomodam nas chamadas pastorais da manutenção e não vão além das aparências. O seguimento a Cristo exige muito mais que a rotina e o comodismo. Exige santidade. "O homem de fé vê nas obras, não tanto as aparências, como o papel que elas desempenham nos planos divinos e sabe avaliar os resultados sobrenaturais"[230]. Cristo chama para o Reino que há de vir, que é próximo de nós, que começa aqui, mas que só na eternidade será vivido na plenitude. E, "chegando a essa meta, a vida já não será mortal, mas plenamente vital"[231].

Daí Bento XVI ressaltar:

> "[...] nenhum reino deste mundo é o reino de Deus, o estado de salvação da humanidade em absoluto. O reino humano permanece reino humano, e quem afirma que pode erigir um mundo santo concorda com o engano de Satanás, entrega-lhe o mundo nas mãos"[232].

O Reino de Deus há de vir, está próximo de nós, é o próprio Jesus em pessoa, presença viva na história. É a partir do "primado de Deus"[233], que é possível compreender a realidade do Reino, pois "a história não pode ser regulada longe de Deus por estruturas simplesmente materiais"[234]. Os santos trabalham para começar fazer acontecer esta realidade entre nós, buscando viver os princípios e os valores do Reino. É certo que tais princípios e valores se enraízam "no antiquíssimo profetismo judaico-cristão"[235]. A Igreja foi mestra em sustentar, enriquecer e atrair para Cristo gerações inteiras quando manteve sua *sã doutrina*, de solidez fecunda. A partir de quando aqueles que tiveram postos de decisão no interior da Igreja começaram a questionar e a se empenhar em demolir esse rico patrimônio, então os fiéis começaram a se evadir, pois, do mais simples ao mais sofisticado, os fiéis reconhecem quando há pastoreio conforme os ensinamentos e o testemunho do Bom Pastor.

O Papa Pio XII, no início de seu pontificado, em 1939, recordava em sua primeira encíclica que Jesus, "numa hora decisiva, diante do representante da mais alta autoridade terrena de então, pronunciou a grande palavra: 'nasci e vim ao mundo para dar testemunho da verdade; quem está pela verdade, ouve a minha voz' (Jo 18, 37)"[236]. E já reconhecia que "no início da caminhada que leva a indigência espiritual e moral dos tempos presentes estão os esforços nefastos de não poucos para destronar Cristo, o desapego da lei da verdade que Ele anunciou, da lei do amor que é o sopro vital do Seu Reino"[237]. E ressaltou que "o reconhecimento dos direitos da realeza de Cristo e o regresso de cada um, e da sociedade, à lei da Sua verdade e do Seu amor são o único caminho de salvação"[238]. Roberto de Mattei conta que depois da Segunda Guerra Mundial, "enquanto a Europa se recuperava penosamente dos escombros do terrível conflito, no Ano Santo de 1950, a Igreja governada por Pio XII erguia-se no esplendor da sua liturgia, na vitalidade da sua doutrina e na sua capacidade de acolher as multidões de todo o mundo"[239]. Foi a partir de então que os "frutos venenosos"[240] do modernismo (condenados por São Pio X, na *Pascendi*) foram se impregnando com mais força por dentro da Igreja, cujos danos e lesões começaram a ficar cada vez mais evidentes. Para entender a corrosão de tais venenos nos dias atuais, que se alastram pelo corpo da Igreja numa abrangência sem precedentes, é preciso saber que tais males são novas formas de expressão de forças heréticas de outrora, que incansavelmente não deixaram de encontrar modos de influir no intuito de combalir a Igreja Católica, portadora da verdade salvífica.

A Igreja também caminha com a sua coroa de espinhos

TAIS VENENOS VIERAM DE MUITO LONGE, aliás, desde o início forças adversas atuaram contra o Cristianismo, e hoje se voltam contra a Igreja, de modo mais intenso. Como Jesus, a Igreja também caminha na história com a sua coroa de espinhos. Tribulações e perseguições fazem parte, quando se vê desafiada a defender a fé. O Credo (confirmado pelo Concílio de Niceia, em 325 d.C.) resume admiravelmente toda a doutrina. O Papa São Leão Magno recorda que "Nosso Redentor e Salvador sabia, com efeito, quantos erros a falsidade do diabo havia semeado em todo o mundo e que grande parte do gênero humano ele submeteu a inúmeras superstições"[241]. O combate às heresias foi então inevitável para refutar os erros doutrinais. Santo Agostinho, por exemplo, foi um dos gigantes da fé, que se ergueu para demonstrar os equívocos de Ário*, que arrastou muitos a tantos enganos. Com os dogmas, proclamados solenemente pelos Sumos Pontífices, foi possível assumir Jesus, "caminho, verdade e vida"[242], sem a angústia da dúvida, mesmo sendo um caminho como *via estreita, estreitíssima*.

* Ário (256-336), fundador da doutrina herética que recebeu seu nome, arianismo, condenada no Primeiro Concílio de Niceia (325), que negava a divindade de Jesus Cristo. Para Ário, Pai e Filho não eram da mesma essência, que o Filho foi uma criação do Pai e que, portanto, houve um tempo em que o Filho não existira. Nicéia definiu uma única Divindade ou natureza divina, que subsiste como Pai, Filho e Espírito Santo.

A Igreja prossegue tendo o que dizer

"Um dos mistérios mais impenetráveis na direção divina da Igreja é a ampla medida que concede à liberdade e à limitação humanas"[243]. Mas os erros humanos encontram seus limites, e então quando o coração se abre à verdade do Ilimitado, reconhece Deus — protagonista da História — atuante como Aquele que É a verdade da vida. Na "difícil esgrima das ideias"[244], a Igreja foi clareando cada vez mais o entendimento sobre a verdade de Jesus na história. Para Santo Agostinho, "nunca Deus é um conceito, mas a realidade viva que o seu coração sentiu palpitar [...]. O Cristianismo não é nunca um conjunto de posições a manter, um corpo de doutrina, mas uma maneira de ser e de viver, um compromisso total"[245].

A *sã doutrina* católica não é invenção da Igreja, mas confirmação de uma verdade de fé solidíssima em toda a história da salvação. Quando Santo Agostinho "aborda os maiores problemas — a justiça, a moral, a liberdade, por exemplo — se nos dá a impressão de nunca os considerar em termos abstratos, mas sempre em relação com o homem verdadeiro, de carne e de sangue, de esperança e de sofrimento, é porque tais problemas ele liga-os todos, espontaneamente, às suas experiências pessoais, visto que, duma ou doutra forma, os viveu a todos"[246]. Por isso venceu Ário, e da mesma forma a Igreja venceu todas as heresias. E ainda hoje, em meio à tempestade da pós-modernidade, a Igreja sabe prosseguir tendo o que dizer, pois "a fé cristã tem muito mais futuro do que as ideologias que a convidam a abolir a si mesma"[247]. Como uma pérola de grande valor, coube aos santos a tarefa de irradiá-la com mais luminosidade, a partir do testemunho de vida. Questionamentos ocorreram desde a primeira divergência entre os apóstolos, em Jerusalém. Em meio às tensões de posicionamentos conflitantes, a provocar uma divisão interna, os anciãos recorreram a São Pedro. O entendimento de São Paulo foi decisivo para dar caráter universal à Igreja nascente. "Pedro, em nome dos apóstolos, dá razão a Paulo e Barnabé"[248]. Com os concílios, posteriormente convocados pelos papas, diante de impasses, os dogmas foram, um a um, declarados solenemente.

A Igreja defende a pérola da verdade

Santo Irineu de Lyon reconheceu o cristianismo vinculado à história de Israel, "uma história santa"[249], e a Igreja como quem irá transmitir "a verdade da tradição"[250]. Com S. Irineu, foi possível "situar as etapas da Revelação, fundamentar teologicamente a natureza da Igreja"[251]. Na sua obra *Adversus haereses* (c. 180 d.C.), refere-se à pérola da verdade, dizendo que "uma pedra preciosa, a esmeralda, que tem grande valor aos olhos de muitos, perde o seu valor diante (de artística falsificação de vidro até não se achar alguém conhecedor que a examine e desmascare a fraude"[252]. Assim a Igreja tem cumprido a sua missão de anunciar o Evangelho, a cada época histórica purificando os equívocos interpretativos e mantendo a coerência de uma doutrina provada pelos séculos. Combater os erros faz parte da sua missão, no zelo de salvaguardar o que é são e verdadeiro, que o próprio Jesus entregou aos primeiros apóstolos. Daí o valor do seu Magistério, que alcançou na Escolástica (de modo especial em São Tomás de Aquino) um grau superior de síntese e compreensão do mistério da fé que ela transmite, de geração em geração. A dimensão apostólica da Igreja, a partir de Pedro, porque assim quis Jesus[253], garantiu proteger a verdade dos desvios e sombras, e de tantos equívocos que desejaram ofuscá-la ao longo da história, até hoje. Santo Irineu entendeu que "os que permanecem fiéis à tradição é que podem abrir o caminho para o futuro"[254]. E foi assim que ela prosseguiu no enfrentamento das forças adversas, tendo mais vigor quando soube ser "guardiã da tradição apostólica"[255]. Os dogmas nunca foram uma camisa de força do pensamento, pelo contrário, desafiam até hoje as melhores inteligências, como bem afirmou Bento XVI, pois que "os dogmas são janelas abertas para o infinito"[256]. Isso porque, "na base de toda a reflexão feita pela Igreja, está a consciência de ser depositária duma mensagem, que tem a sua origem no próprio Deus"[257].

De todos os concílios, o de Trento (1545-1563) certamente foi um dos mais fecundos e deu vigor à Igreja. Foram 18 anos de trabalhos e Trento decidiu sobre questões relevantes da fé, da Revelação, do pecado original, da justificação, dos sacramentos, do Purgatório, do culto aos santos etc. Sobre a Revelação:

> "Está contida nos Livros Santos que são enumerados com precisão. [Tem como] ponto de partida o Evangelho. Ele nos foi anunciado pelas promessas transmitidas pelos profetas; foi formulado pela boca do próprio Cristo; foi transmitido pela pregação dos apóstolos. O Evangelho é a 'fonte de toda verdade e toda regra moral'. Dogmas e regras morais estão amplamente contidos no conjunto das Escrituras, bem como na tradição apostólica"[258].

Reafirmou que "a transmissão do pecado original — isto é, a transgressão do primeiro homem — tem um papel decisivo na história da salvação"[259]. E, ainda, que "sem a graça é impossível qualquer vitória sobre o pecado; mas os atos do cristão permitem, pelos méritos de Cristo, abrir a porta da graça divina"[260]. Trento não temeu perder fiéis por amor à verdade. Ao confirmar a Tradição, o Concílio de Trento deu força para a Igreja enfrentar as turbulências dos tempos modernos.

"A Igreja é um elemento de liberdade"[261], sempre foi assim, desde o início. O sangue dos primeiros mártires confirma que o assentimento a Cristo é um ato de liberdade, favorecido pela graça. "Se faz algum sentido pertencer à Igreja, então faz sentido porque nos dá a vida eterna e, assim, a vida verdadeira"[262].

A defesa da verdade requer humildade

Já se sabia à época do Concílio de Trento que "a antiga Igreja medieval, a sociedade total que remontava aos tempos carolíngios, estava entrando em colapso"[263]. O que a Escolástica havia alcançado de esplendor no campo do conhecimento começou a ser questionado pelos eruditos do Renascimento. Os contemporâneos Erasmo de Roterdã e Thomas More ilustram a encruzilhada histórica daquele momento. O primeiro reforçou o caminho aberto para o intelectualismo sedutor que, pouco a pouco, foi refutando a riqueza escolástica. O segundo, intelectual tão brilhante como o primeiro, e homem de Estado exemplar, morreu pela fé, consciente da pertença à Igreja. More se tornou santo porque pagou com a vida a convicção mantida na verdade defendida pela Igreja, a partir da tradição apostólica.

O fato é que a "força erasmiana começou a se infundir na sociedade e a transformá-la de dentro para fora"[264], num processo de gradativos questionamentos, cedendo muitas vezes à dúvida, tornando-a um primado no campo filosófico que levou grandes inteligências a angústias existenciais. Bossuet já previra "um grande combate preparando-se contra a Igreja sob o nome da filosofia cartesiana"[265]. Ainda no séc. XVII, quando São Francisco de Sales (1567-1622) e São Vicente de Paulo (1576-1660) se santificaram com novas respostas em fidelidade e amor a Jesus Cristo, "ambos viram que o mundo estava mudando, que doravante os cristãos teriam de enfrentar uma sociedade que não é mais tão cristã"[266].

A soberba de Galileu enredou a Igreja numa controvérsia aguda, abrindo fissuras que serviram de pretexto para acusá-la de obscurantista, quando houve empenho de sua parte, em dar apoio à ciência, por seu amor à verdade. Mas desprezando a amizade do Papa Urbano VIII, quis "um processo retumbante"[267], para "arrasar seus opositores"[268]. Com tal fagulha de prepotência, seu caso se tornou emblemático e problemático, e mostrou que tanto a ciência quanto a fé requereriam a mesma humildade, necessária para a promoção da verdade.

A partir de então, ficou evidente a dificuldade de "conciliação entre a secularidade do mundo e a radicalidade do Evangelho"[269].

A cultura fraturada nega a verdadeira cultura

Os libertinos foram outra força adversa "do abalo subterrâneo do século XVII"[270]. Foi uma rebelião intelectual luciferina a provocar rupturas, cisões dolorosas, discórdias e desligamentos, contra a Cristandade. "Os pensadores e os artistas libertinos prepararam este novo divórcio, atacando, com as habituais precauções, a moral e a divindade de Cristo"[271], visando a "instauração de outra sociedade"[272].

A revolução passou então a buscar a subversão, em todos os aspectos, para fazer emergir uma mentalidade destituída de transcendência, num movimento de somatória da rebeldia, que passou com cada vez mais audácia e destemor por em execução o projeto de desbancar Deus da história.

> "A modernidade sobrecarregou o acento não na realidade real de cada homem, mas na realidade ideal da sociedade e da espécie. Se os atos e as obras dos homens deixaram de ter significação religiosa individual — a salvação ou a perdição da alma —, tingiram-se de um colorido supraindividual e histórico. Subversão dos valores cristãos que foi também uma verdadeira conversão: o tempo humano para de girar em torno do sol imóvel da eternidade e postula uma perfeição que não está fora, mas dentro da história; a espécie, não o indivíduo, é o sujeito da nova perfeição, e a via que se oferece para realizá-la não é a fusão com Deus, mas a participação na ação terrestre, histórica. Pelo primeiro, a perfeição, atributo da eternidade segundo a escolástica, insere-se no tempo; pelo segundo, nega-se que a vida contemplativa seja o mais alto ideal humano e se afirma o valor supremo da ação temporal. Não a fusão com Deus, mas com a história: é esse o destino do homem. O trabalho substitui a penitência; o progresso, a graça; e a política, a religião. A idade moderna é concebida como revolucionária"[273].

Tal mentalidade levou à "*cultura frantumata*"[274] (*cultura fraturada*), que é "a negação da verdadeira cultura"[275], conforme exprimiu o beato João Paulo II em seu discurso à Pontifícia Academia para a Ciência, quando se referiu ao caso Galileu, que também contribuiu posteriormente para favorecer o cientificismo que foi ganhando força numa sociedade cada vez mais secularizada. Os enciclopedistas deram mais impulso à revolta contra Deus. O método experimental foi uma das armas utilizadas. "A intuição de uma substituição progressiva de Deus pela ciência pertence antes de mais nada a Diderot"[276]. Com a enciclopédia, já se indagava: "Aonde eles querem chegar?"[277]. O Papa Clemente XIII não hesitou em colocá-la no *Index*.

A revolta contra Deus é insurgência contra o próprio ser humano

A Igreja, com tantos santos, mas também com as falhas de inúmeros de seus filhos, era o obstáculo a ser removido para libertar os homens do Deus que eles não queriam mais como regente de suas vidas. A felicidade deveria ser alcançada *aqui e agora*, por mãos humanas e com total liberdade.

"A razão, privada do contributo da Revelação, percorreu sendas marginais com o risco de perder de vista a sua meta final"[278]. E a partir do século XVII, ainda mais no XVIII, com o Iluminismo, que forças hostis à Igreja intensificaram um anticatolicismo, em curso de modo crescente até os dias de hoje. "O Iluminismo emergiu como variedades do deísmo ou ateísmo, atuando fora do cristianismo, ou mesmo contra ele"[279]. Novas expressões pagãs e gnósticas tomaram formas e, no âmbito religioso e cultural, buscaram atingir ainda mais os suportes teológicos da Igreja. Com o Iluminismo, "vinculado aos recém-surgidos movimentos da maçonaria e rosacruz"[280], foram criadas as condições políticas em vista da "remoção e substituição do cristianismo católico"[281]. A Revolução Francesa não apenas inaugurou a Idade Contemporânea, mas o processo de esforços contínuos de descristianização, de modo especial de corrosão da fé católica.

"*Écrasez l'infâme!*"[282] foi a palavra de ordem de Voltaire contra a Igreja. "[...] seu anticristianismo não deixa nada em pé. Voltaire nega a divindade de Jesus Cristo, a Encarnação e a Revelação"[283]. A revolta contra Deus foi expressão do orgulho e de um afã de volúpia desmedida, em todos os aspectos. Volúpia que exigiu um furor da *hybris*, de transgressões até então impensáveis, que Sade levou aos extremos.

> "Sade negará Deus em nome da natureza — o material ideológico do seu tempo lhe é então fornecido em discursos mecanistas — e ele fará da natureza uma força destrutiva. Para ele, a natureza é o sexo: a sua

> lógica irá conduzi-lo a um universo sem lei onde o único dominador será a desmesurada energia do desejo"[284].

Essa tônica se acentuará de modo cada vez mais assombroso, de insurgência contra Deus e consequentemente contra o próprio ser humano. "Trata-se, por fim, de uma revolta contra a própria condição de criatura. O Homem deve ser o criador de si mesmo — uma nova edição, moderna, da velha tentativa de ser Deus, de ser como Deus"[285], como na primeira tentação, suscitada no Jardim do Éden.

A realidade do Reino se contrapõe às tentações totalitárias

Com o horizonte intelectual dos séculos XVIII e XIX, especialmente após a Revolução Francesa, novas ideologias tomaram força em sentido contrário ao que a Igreja sempre defendeu a partir do anúncio de Jesus, sobre a realidade do Reino de Deus: "Jesus mesmo é o 'Reino'; o Reino não é uma coisa, não é um espaço de domínio, como um reino do mundo"[286]. E ainda: "o reino de Jesus não pode ser identificado com nenhuma figura política"[287], pois "sem o céu, o poder terreno permanece sempre ambíguo e frágil. Somente o poder que se coloca sob a medida e o juízo do céu — isto é, de Deus — pode tornar-se poder para o bem"[288]. Daí que a Encarnação do Verbo prenuncia a realidade do Reino: "Ele é a presença de Deus"[289]. "É pessoa: o Reino é Ele"[290].

A Revolução portanto se volta contra a realidade de Deus, como o mais primitivo impulso de rebelião que deseja não apenas negar Deus, mas também submetê-Lo à prova. "O Senhor está ou não no meio de nós?"[291]. Por isso a Revolução apelou para que a liberdade levasse ao extremo a revolta metafísica. "Negamos Deus enquanto Deus, na medida em que nos colocamos acima d'Ele"[292]. E, então, a realidade do Reino foi substituída pelas ilusões, obsessões e patologias das utopias totalitárias.

Para a obtenção da "liberdade ilimitada"[293], foi preciso "a supressão da piedade"[294]. Daí a implacabilidade dos intelectuais dos séculos XVIII e XIX não apenas contra a Igreja enquanto instituição, mas sobretudo aos sentimentos e virtudes cristãs. "É preciso matar o coração, essa 'fraqueza' de espírito"[295], desejou Sade, antecipando Nietzsche: "a lei deste mundo não é outra senão a da força: o seu motor, a ânsia do poder"[296]. Com isso, "o ateísmo é uma coisa evidente"[297]. Sem Deus, não há gratuidade, nem divindade, nem eternidade, apenas o horror do niilismo. "Nietzsche grita-lhe então que a terra é a sua única verdade, à qual se lhe impõe manter-se fiel e sobre a qual tem de viver e criar a sua salvação"[298]. E assim "a revolta em Nietzsche vai ainda ao encontro da exaltação do mal"[299]. O mais forte buscará todos os meios para satisfazer todos os desejos humanos. A vida passa a ser uma questão de cálculo, de adaptação, de pragmatismo. Não há mais angústia entre o dever e o poder fazer. Mesmo que as consequências sejam terríveis, nada deve deter a vontade de poder e de saber, os pecados capitais passam inclusive a ser estimulados, no direito à felicidade epidérmica, *aqui e agora*, e a todo custo. "Nada de esperar a felicidade eterna no além, ao cabo de uma vida de sacrifícios. A felicidade está ao nosso alcance. Para ser agarrada"[300].

Forças anticristãs atuam de modo sofisticado e sistematizado

Hoje, há uma sutil estratégia de movimentos e organismos internacionais, no intuito de corroer, inclusive por dentro da instituição, os seus princípios e valores, com uma metodologia muito sofisticada: descaracterizando conceitos, dando outro sentido e significado àquilo que a Igreja sempre anunciou como valor de vida, relativizando e debilitando a moral cristã, para viabilizar a aceitação de um ideário inteiramente anárquico. Para tais adversários, "a moral é o último rosto de Deus que se deve destruir"[301]. São forças antigas, antiquíssimas, que já atuavam desde os primórdios da Igreja (a começar pela gnose), e que agora encontram na tecnologia e nos tantos meios de manipulação dos *mass media*, armas mais possantes, visando atingir os alicerces da Igreja, numa somatória de esforços, com investidas luciferinas, com o propósito de destruir a fé cristã. Esse combate existiu desde o tempo de Jesus, e se torna mais agudo na atualidade. De todas as religiões, é a doutrina católica apostólica romana a que se quer mais atingir. Essas forças ideológicas (o laicismo de raízes maçônicas e também anarquistas, o ateísmo militante e agressivo, o fundamentalismo ambiental, o feminismo radical, o cientificismo huxleyano* etc.) têm sido difundidas e sustentadas por instituições, organismos sociais e empresas, com vasta ramificação em todo o planeta, direcionando seus dardos principalmente contra a Igreja Católica.

* Referente à sociedade totalitária e desumanizada decorrente da manipulação social resultado de intervenções técnicas e científicas que condicionam os indivíduos a comportamentos programados, conforme exposto no romance *Admirável Mundo Novo*, de Aldous Huxley.

Joio e trigo juntos: dos que vivem a fé no Cristo Ressuscitado e dos que assumiram o caminho da hesitação

As novas ideologias que tomaram força em sentido contrário ao cristianismo (nos séculos XIX e XX) também se impregnaram no seio da Igreja, provocando, em muitos meios e movimentos, a dissociação da caridade e da verdade e, por consequência, da hesitação da fé. Todas essas forças sintetizadas no movimento modernista atuam de modo mais intenso hoje, num processo de desconstrução e desmonte civilizacional.

Explica Roberto de Mattei que:

> "[...] o termo 'modernismo' aparece oficialmente pela primeira vez na encíclica *Pascendi Dominici Gregis*, de São Pio X, reconduzindo a um mesmo movimento um complexo de erros em todos os domínios da doutrina católica (Sagrada Escritura, teologia, filosofia, culto). As raízes e as razões deste movimento residem na tentativa de estabelecer um 'diálogo' entre a Igreja e o processo de secularização que se seguiu à Revolução Francesa"[302].

A Igreja resistiu, em altos graus de heroicidade, tendo os Papas como baluartes seguros na defesa da *sã doutrina*.

> "No século XIX, Pio IX tinha posto travão a esse processo revolucionário em três momentos solenes do seu pontificado: a definiçao do dogma da Imaculada Conceição (1854); a condenação dos erros modernos com a encíclica *Quanta Cura* e com o *Syllabus* (1864); a proclamação dos dogmas do primado de jurisdição e da infalibilidade* do Romano Pontífice,

* Dogma de fé que reconhece a autoridade infalível (*ex cathedra*) do Papa, que possui a assistência sobrenatural do Espírito Santo para preservá-lo de todo erro na deliberação e definição de questões em matéria de fé e moral, em comunhão com o Sagrado Magistério.

no Concílio Vaticano I (1870). Qualquer desses atos constituiu um bastião teológico que dificultou ataques frontais. A 'reforma' da Igreja, que fora o objetivo das principais correntes heterodoxas dos séculos XVIII e XIX teria de seguir por outros caminhos"[303].

Foi preciso então inocular o germe da revolução por dentro da instituição.

Em 1907, Ernesto Buonaiuti apresentou o seu *Programa dos Modernistas*, desejoso que o método histórico se tornasse "o verdadeiro *locus theologicus* da Revolução cristã"[304]. Mas foi o jesuíta George Tyrrel quem identificou "a Revelação com a experiência vital (*religious experience*) que tem lugar na consciência do homem, razão pela qual deve ser a *lex orandi* a ditar as normas da *lex credendi*, e não o contrário"[305]. Maurice Blondel propôs:

> "[...] uma nova forma de apologética, através do método da imanência, que permitiria acolher a Revelação a partir das exigências do espírito do homem. A apologética de Blondel que pretendia evitar o 'intelectualismo' assentava numa religião do coração com um pano de fundo subjetivista e imanentista"[306].

São Pio X condenou "o princípio de imanência que constituía o núcleo do modernismo"[307], a partir do qual surgiria depois o relativismo. Daí emergiram correntes de pensamento no seio da Igreja, que agudizaram-se ao longo do século XX, especialmente no Concílio Vaticano II: dos que vivem a fé no Cristo Ressuscitado, com verdadeiro assentimento, e dos que assumiram o caminho da hesitação.

A CORROSÃO POR DENTRO COM AS ARMAS DA DISSIMULAÇÃO

O MODERNISMO INFILTROU-SE através de vários movimentos (o "movimento bíblico", o "movimento litúrgico", o "movimento filosófico-teológico" — de modo especial a *nouvelle théologie* —, o "movimento ecumênico" e outros. Pouco a pouco, os que assumiram o caminho da hesitação foram voltando as costas para as advertências e os apelos de São Pio X, ávidos por agradar ao mundo, no afã do *aggiornamento*, que será a palavra de ordem do Vaticano II. São Pio X havia feito o diagnóstico preciso dos erros da época e apresentado soluções. Mas os hesitantes entenderam logo que crer na Verdade revelada significa lutar por ela, e num mundo com atrativos mais sedutores, em decorrência dos avanços tecnológicos, era melhor "uma 'reinterpretação' da doutrina e da estrutura da Igreja, com o objetivo de a adaptar ao espírito moderno"[308]. Das ordens religiosas mais abertas a esta adaptação, destacaram-se os franciscanos, os dominicanos e os jesuítas. Leão XIII, ainda no século XIX, já havia traçado "as linhas do processo revolucionário que, tendo-se iniciado no protestantismo e passado pela Revolução Francesa, desembocava no comunismo"[309].

Outra estratégia dos modernistas foi o da dissimulação, conforme observou Jean Rivière:

> "[...] saber dissimular as próprias armas é um dos princípios essenciais da guerra moderna. Foi também uma das características distintivas do movimento modernista associar o ataque direto aos dogmas com a mais extrema variedade de subterfúgios"[310].

De Mattei ressalta então que "o modernismo propunha-se, pois, transformar o catolicismo a partir de dentro, deixando intacto, nos limites do possível, o invólucro exterior da Igreja"[311]. E destaca outro ponto estratégico: "a reforma 'terá de ser dos ritos, e não abertamente dos dogmas'"[312]. O alvo principal é atingir a realeza de Cristo; feito isso, o resto fica tudo pulverizado. Para São Pio X a autêntica reforma "tinha a sua base na preservação e transmissão da verdade católica"[313], mas os hesitantes optaram pelo relativismo.

NÃO HÁ CARIDADE FORA DA VERDADE

MEUS CAROS JOVENS,

A Igreja é viva e vocês são chamados a ser fermento na massa, e a dar o testemunho da verdade, para que a caridade seja efetivamente a correspondência entre a verdade e a vida. A caridade, portanto, para ser expressão da vida, deve nutrir-se da luz de Cristo, que emana da paciência e da benevolência de um amor que almeja a vida verdadeira. "É deste conhecimento amoroso de Cristo que jorra o desejo de anunciá-lo, de 'evangelizar', e de levar outros ao 'sim' da fé em Jesus Cristo"[314], pois ama de verdade aquele dá esse assentimento.

Na passagem para o terceiro milênio, ao inaugurar o Grande Jubileu de 2000, o beato João Paulo II exortou os cristãos a confiarem na vereda de Cristo, lembrando a estreiteza da via que em uma história bimilenar foi capaz de vencer tantas sombras e perigos incontáveis, ameaças e perseguições, e tantas outras incompreensões e falsas interpretações, mas mesmo assim a luz fulgurante de Cristo chegou ao século XXI como um fato incontestável: "Entramos por esta Porta, que representa Cristo mesmo: com efeito, só Ele é o Salvador"[315].

Esta verdade histórica chegou até nós — a geração pós-Concílio Vaticano II —, mas está hoje (e novamente) atacada, de modo intenso e sistêmico, por forças culturais, econômicas e políticas, no afã de impor uma nova ordem mundial, destituída das premissas cristãs, ordem imposta por diversas formas de manipulação, a pior de todas as violências. Uma nova ordem não apenas política, mas também religiosa, de uma religiosidade *light*, "sem dogmas, sem estruturas, sem hierarquias, sem morais rigorosas"[316]. Em sua obra *Poder global e religião universal*[317], o monsenhor Juan Cláudio Sanahuja analisa a conjuntura de uma realidade pouco conhecida pelos próprios cristãos. Hoje, este novo *Leviatã:*

> "[...] procura, por exemplo, a perversão dos menores, a anticoncepção, o aborto, a eutanásia, a investigação com embriões humanos, a injusta legitimação jurídica de casais do mesmo sexo etc. A falsa espiritualidade da nova ordem procura ensinar às crianças desde os 5 anos a normalidade da homossexualidade e da masturbação e instruí-las no uso de preservativos e da pílula do dia seguinte, mentalizando-os de que o aborto é um direito, como propõe a UNESCO"[318].

A urgência do testemunho pessoal na defesa da sã doutrina

Para defender Jesus Cristo — caminho, verdade e vida —, o caminho não é fácil, nem seguro. Não foi mesmo fácil em nenhum momento ao longo da história. Afinal, quantas vezes o próprio Jesus teve de exortar os discípulos a não terem medo, mesmo quando a tempestade parece fazer o barco soçobrar. E Sanahuja completa:

> "São muitos os poderosos inimigos com os quais enfrentamos, sendo irremediável o sofrimento pela verdade, inevitável também a perseguição dos bons e a urgente necessidade do testemunho pessoal e social, individual e coletivo, que como cristãos nos são exigidos"[319].

Tais exigências (de discernimento, purificação e coerência de vida), nos leva a não desconsiderar os inúmeros desafios do momento histórico em que vivemos, enquanto cristãos, especialmente católicos. "A crise da Igreja é grave"[320]. Mas também foi grave em outros momentos da história, e quando pensamos que tudo acabou, a mão de Deus emerge — sempre surpreendente — para purificar e santificar os que perseveram na fé.

O processo e as estratégias de uma reengenharia social anticristã, em curso, visam minar a *sã doutrina* católica, desconstruindo conceitos, para corroer, por dentro, as bases do edifício cristão, destituindo a Igreja de sua identidade e força.

> "Estamos em tempos de perseguição, mas acima de toda consideração acomodatícia, a fidelidade a Jesus Cristo nos exige defender, promover, ensinar, transmitir as verdades imutáveis — os princípios inegociáveis —, mas todos sabemos, leigos e clérigos, que esse caminho é humanamente inseguro, porque, ao não aceitar os esquemas mentais politicamente corretos, recusamos ser incluídos na categoria de novo

> cidadão, segundo ao que a Nova Ordem define como paradigma da nova cidadania"[321].

E há outros novos paradigmas éticos, especialmente o da reinterpretação dos direitos humanos, com sua hermenêutica ideologizada, dando origem a "uma infinidade de pseudodireitos a serviço de políticas do projeto de domínio mundial"[322]. E também os novos paradigmas religiosos, completa o panorama deste novo processo de "colonização das consciências, visando um projeto de poder global, com um pensamento único, mudando a cultura e a religião dos povos, colonizando as consciências para conseguir cidadãos dóceis da nova ordem mundial"[323].

Deus: Aquele que É o Sumo Bem

O fato é que "vivendo 'como se Deus não existisse' o homem perde o sentido não só do mistério de Deus mas também do mistério do mundo, e do mistério do seu próprio ser"[324]. João Paulo II, gigante da fé, em sua visita ao Monte Sinai, no ano do Grande Jubileu, recordou que:

> "Deus revela-se de modos misteriosos, como o fogo que não se consome, segundo uma lógica que desafia tudo aquilo que conhecemos e que esperamos. É o Deus que ao mesmo tempo está próximo e distante; *está no mundo, mas não é do mundo*. É o Deus que vem ao nosso encontro, mas que não será possuído. Ele é 'EU SOU AQUELE QUE SOU', o abismo divino no qual essência e existência são uma só coisa!"[325].

Em Jesus Cristo, manifestou-se plenamente a soberania de Deus, "a realidade mesma"[326] de Deus, "realidade sem a qual nada mais pode ser bom"[327]. A realidade do Reino muito próximo de nós.

Em *Dominus Iesus*, Joseph Ratzinger afirmou que "o Reino de Deus tem, de fato, uma dimensão escatológica; é uma realidade presente no tempo, mas a sua plena realização dar-se-á apenas quando a história terminar ou se consumar"[328]. E destacou:

> "[...] o Reino diz respeito a todos: às pessoas, à sociedade, ao mundo inteiro. Trabalhar pelo Reino significa reconhecer e favorecer o dinamismo divino, que está presente na história humana e a transforma. Construir o Reino quer dizer trabalhar para a libertação do mal, sob todas as suas formas. Em resumo, o Reino de Deus é a manifestação e a atuação do seu desígnio de salvação, em toda a sua plenitude"[329].

Esse é o sentido da história e que a Igreja faz parte, como via de salvação. "O mal tem poder através da liberdade do Homem e cria então as suas estruturas. Porque existem, manifestamente, estruturas do mal"[330]. De modo mais claro, Bento XVI exclamou: "como estamos todos na realidade presos pelas potências que de um modo anônimo nos manipulam"[331]. E ressaltou: "O núcleo de toda a tentação [...] é colocar Deus de lado, o qual, junto às questões mais urgentes da nossa vida, aparece como algo secundário, se não mesmo supérfluo e incômodo"[332], pois as estruturas do mal visam:

> "[...] ordenar; construir um mundo de um modo autônomo, sem Deus; reconhecer como realidade apenas as realidades políticas e materiais e deixar de lado Deus, tendo-o como uma ilusão: aqui está a tentação que de muitas formas hoje nos ameaça"[333].

A Igreja como sinal de contradição vai se tornando "a Igreja de uma minoria"[334]

O FATO É QUE há uma subversão silenciosa para concretizar um projeto de poder global, que se realiza impondo novos paradigmas éticos, especialmente aos países-membros da ONU. Para Hiroshi Nakajima, diretor geral da Organização Mundial da Saúde, "a ética judaico-cristã não poderá ser aplicada no futuro"[335]. As forças ideológicas anticristãs atuam de modo sutil e sofisticado, especialmente no campo semântico: "mudar o significado e o conteúdo das palavras é uma estratégia para que a reengenharia social seja aceita por todos, sem protestar"[336], por isso, "o significado da linguagem internacional muda continuamente"[337].

Os cristãos percebem uma estranheza, mas não conseguem de imediato constatar o que está acontecendo, e muitos então acabam fazendo o jogo do inimigo: crescem as divisões internas, os desentendimentos entre os fiéis, a evasão, os escapismos, a dispersão etc. E também o desânimo e o ceticismo, e a adesão às soluções fáceis, aos apelos emocionalistas, ao conformismo e até ao indiferentismo. E então o que fazer? "Estamos outra vez perante um novo começo"[338], destacou Ratzinger. E reforçou:

> "A tarefa de crer inteiramente a partir da liberdade e na liberdade de crer, dando testemunho contra um mundo exausto, também traz novas esperanças, novas possibilidades de uma expressão cristã. É precisamente uma era de um cristianismo quantitativamente reduzido que pode levar a uma nova vivacidade desse cristianismo mais consciente"[339].

A Igreja — como *sinal de contradição*, vai se tornando "a Igreja de uma minoria"[340]. E é a esperança desse cristianismo mais consciente que deve não ficar apenas no diagnóstico da situação, mas indicar com clareza as atitudes para o enfrentamento daquilo que nos ameaça, para evitar ambiguidades e tibiezas, e a fragilização da fé transformada em apostasia.

Os jovens cristãos do nosso tempo devem buscar compreender não apenas o turbilhão de desafios à nossa frente mas também um entendimento cada vez maior do mistério da Igreja no mundo, a partir da missão a ela confiada por Jesus Cristo. A Igreja poderá combalir e ficar até extenuada, mas é promessa de Nosso Senhor que as portas do inferno não prevalecerão sobre ela. E tudo isso exige vigilância, discernimento e fé operante. Refutando Nakajima, temos a convicção de que "a fé cristã tem muito mais futuro do que as ideologias que a convidam a abolir a si mesma"[341], conscientes de que:

> "[...] o reino de Cristo é algo completamente diferente dos reinos da terra e do seu esplendor que Satanás apresenta. Este esplendor, como a palavra grega *doxa* diz, é aparência que se dissolve. Tal esplendor, Cristo não tem. O seu cresce através da humildade da pregação naqueles que se deixam fazer seus discípulos, que são batizados no nome da Santíssima Trindade e que guardam os seus mandamentos (Mt 28, 19s)"[342].

Ser cristão: comunidade a caminho

Caríssimos jovens, que esta Jornada Mundial da Juventude, no Ano da Fé, seja motivo de especial júbilo em suas vidas, e que a partir deste encontro celebrativo e festivo possam experimentar o encontro pessoal com Jesus Cristo Ressuscitado, por intermédio dos meios oferecidos pela Igreja, para a graça desse acontecimento salvífico. Que o encontro propicie a conversão, impulsionada pela densidade de vida interior, pois o que Deus pede de nós é "um simples consentimento"[343], a partir do qual tudo opera para o bem. "Nunca se pode ser cristão sozinho, ser cristão significa uma comunidade a caminho"[344]. Por isso, Deus se faz presente na Igreja, como Emanuel, que caminha conosco. Ele é o caminho da verdade e da vida, e quer que alcancemos a vida verdadeira, a vida em abundância.

A Igreja foi instituída "para ajudar os homens a crerem que Jesus é o Filho de Deus, a fim de que, através da fé, tenham a vida em nome dele"[345] e também "para que o Evangelho sempre se conservasse inalterado e vivo"[346]. Só a fidelidade à verdade revelada manterá a Igreja viva e sempre atualizada. Foi essa fidelidade que lhe deu vigor em sua história bimilenar.

A Igreja — provada por dois mil anos — sustenta uma verdade de amor que supera todos os equívocos da História e os enganos ideológicos que são como o *psiu* da serpente, que prometem a panaceia utópica de realidades temporais, a qual se transforma em pesadelos totalitários e inumanos. Daí a *pérola da verdade* que a Igreja mantém como *sã doutrina* que permanece rocha inconcussa, a confirmar o que Jesus assegurou a Pedro: "As portas do inferno não prevalecerão"[347]. Mas essa convicção requer de nós pôr a mão no arado, carregar a cruz e seguir Nosso Senhor Jesus Cristo. Daí o sentido da missão evangelizadora ser cada vez mais exigente, em meio a tantos desafios.

Os grandes santos sempre surpreendem, pois são cristãos mais de atitudes do que de palavras. Chesterton recorda-se de Santa

Joana d'Arc ao dizer: "Joana d'Arc não ficou parada na encruzilhada, nem rejeitando todos os caminhos como Tolstoi, nem aceitando-os a todos como Nietzsche. Ela escolheu um caminho e o percorreu feito um raio"[348], o caminho da verdade que é Jesus Cristo, que conduz à vida. Ela assumiu por inteiro o compromisso ao Reino. Isso é de uma tão grande atualidade, que nos fortalece quando nos vemos na tempestade da pós-modernidade. E quando o barco em que estamos parece não dar conta de tão grandes ondas adversas, ouvimos a voz de Jesus — que anda sobre as águas e acalma o mar — a nos dizer repetidas vezes: "Não tenham medo!"[349].

O gesto concreto da defesa da vida

Hoje, há um gesto concreto que a Igreja pede de nós, para afirmar a cultura da vida.

O apelo pela defesa da vida foi feito pelo beato João Paulo II, em sua memorável encíclica *Evangelium Vitae*[350]. A defesa da vida, portanto, é hoje prioridade na missão evangelizadora, para que a vida digna seja condição para a vida plena no Céu. É nesse campo que sopra mais forte o Espírito Santo, a exigir de nós uma atuação coerente com o Evangelho. A *Evangelium Vitae* é profética porque denunciou as novas ameaças à vida humana e as hostilidades contra a instituição familiar (e também contra a Igreja), demonstrando que tais ataques — cada vez mais intensos — não são espontâneos, mas planejados e sistematizados por poderosas forças e "correntes culturais, econômicas e políticas"[351] que têm como objetivo minar a *sã doutrina* católica, para relativizar e banalizar cada vez mais o sentido e o valor da vida, vulnerabilizando a pessoa humana a condições indignas de existência. Tais ataques fragilizaram a vida humana de modo especial na fase nascente (com a tragédia do aborto) e no seu ocaso (com a eutanásia), dentro de um contexto político que o próprio Papa chamou de "conjura contra a vida"[352], em que forças ideológicas vão impondo estilos suicidas que se voltam contra o ser humano, agrilhoando-o a falsas necessidades e perversas ilusões.

De que lado estamos?

Há um embate que o beato João Paulo II chamou de "cultura da morte x cultura da vida"[353], em uma "guerra dos poderosos contra os débeis"[354]. Realidade essa tão bem documentada e elucidada, por exemplo, por Edwin Black, em seu livro *A Guerra contra os fracos — A eugenia e a campanha norte-americana para criar uma raça superior*[355]. Os mesmos institutos e fundações norte-americanos que naquela época investiram nas pesquisas nazistas por uma "higiene racial" da espécie humana (recorrendo às esterilizações) são os que hoje promovem o aborto e a eutanásia, no Brasil e no mundo. A legalização do aborto, por exemplo, cria um ambiente onde é possível desenvolver a pesquisa com clonagem reprodutiva em vista de uma reengenharia da sociedade humana, com resultados imprevisíveis. Diante disso, os cristãos são chamados a se posicionar e a conjugar palavra e vida. Afinal, de que lado estamos?

> "O mundo age a favor da cultura da morte, composta por organizadas estruturas do mal, que desfrutam de um retorno financeiro garantido e que se tornaram, no campo da sexualidade humana, uma fonte de lucro e um veículo da secularização planificada. A pornografia, a droga, a prostituição, a contracepção e o aborto são indústrias organizadas, cujo capital é posto a serviço de uma ideologia, que é contra a vida humana, a família e, frequentemente, também contra a Igreja Católica"[356].

Por meio da permissividade legislativa, os poderes constituídos vêm aprovando leis contra a vida: descriminalizando o aborto, autorizando a eutanásia, permitindo o uso de embriões humanos em pesquisas científicas, ferindo a dignidade sacramental do matrimônio ao legitimar uniões do mesmo sexo, com o direito de adoção de crianças, negando assim o direito à criança da insubstituível e imprescindível paternidade e maternidade, indispensável à formação integral da pessoa humana. Por isso, a *Evangelium Vitae* buscou sensibilizar os governantes e legisladores não apenas a elaborar e aprovar leis em favor da vida, como a sociedade de um modo geral a colocar-se ao lado da vida, na defesa do nascituro, do portador de necessidade especial, dos idosos, enfim, dos mais fragilizados do mundo, pois o que a Igreja quer é a vida para todos.

> A "situação dramática do mundo — explica o Catecismo da Igreja Católica — é que 'o mundo inteiro está sob o poder do Maligno' (1Jo 5, 19), faz da vida do homem um combate: uma luta árdua contra o poder das trevas perpassa a história universal da humanidade"[357].

E ressalta que "inserido nesta batalha, o homem deve lutar sempre para aderir ao bem não consegue alcançar a unidade interior senão com grandes labutas e o auxílio da graça de Deus"[358].

A Igreja quer vida para todos

O APELO LANÇADO PELA *EVANGELIUM VITAE* pela defesa da vida deve mobilizar a sociedade nessa nova frente de batalha (e rogamos a intercessão de São Miguel Arcanjo!), pois vemos que os ataques contra a vida e a família, são também ataques contra a Igreja. Mas é promessa de Nosso Senhor Jesus Cristo que ela não será inteiramente combalida. O próprio Catecismo afirma que "a consumação da Igreja e, através dela, a do mundo, na glória, não acontecerá sem grandes provações"[359]. É promessa de Jesus: "quem perseverar até o fim, será salvo!"[360].

"Escolhe, pois, a vida!"

A questão do aborto é a ponta do *iceberg*. Há um holocausto silencioso, vitimando milhares de seres humanos, a cada dia, em todas as partes do planeta vidas ceifadas ainda no ventre materno, do modo mais cruento e doloroso, pois o inimigo de Deus tem sede do sangue inocente. "Estamos todos na realidade presos pelas potências que de um modo anônimo nos manipulam"[361], afirmou Joseph Ratzinger em seu livro *Jesus de Nazaré*. Essas potências que atuam "de modo anônimo"[362] têm expressão nos centros privados do poder e em grandes fundações internacionais, na vasta rede de ONG's feministas que defendem os direitos sexuais e reprodutivos, em agências da ONU etc., que querem "construir o mundo de um modo autônomo, sem Deus"[363], daí a obsessão pela manipulação da vida, com as possibilidades inquietantes em decorrência dos avanços biotecnológicos. Dentre tais organismos, há a Federação Internacional de Planejamento Familiar (IPPF), criada no mesmo ano que o Conselho Populacional da ONU, em 1952. A IPPF:

> "[...] é a organização não governamental mais potente e influente a promover o controle demográfico mundial. Seu balanço supera os cem milhões de dólares e suas fontes de entrada são tanto os Estados — principalmente a Grã Bretanha — quanto entidades privadas, como as fundações norte-americanas Ford, Rockefeller, Hewlett e MacArthur. Suas ações refletem uma ideologia liberal 'radical' ou 'absoluta'"[364].

Depois da obsessão por uma libertação que primeiramente se expressou por uma utopia social, agora quer se chegar a uma libertação mais profunda, contra até mesmo a "condição biológica do ser humano"[365]. Como ressaltou Ratzinger em *O Sal da Terra*: "Aqui se ultrapassou, por assim dizer, a teologia da libertação política com uma antropológica"[366]. Tais forças de poder atuam no esforço de um desmonte das estruturas civilizacionais do direito natural, e na arquitetura de uma engenharia social, tecnicamente planejada para um completo domínio da vida. O controle populacional faz parte dessa estratégia. O aborto, portanto, é um aspecto sombrio dessa terrível realidade que João Paulo II chamou de "cultura da morte"[367]. Tudo isso num contexto de ameaças de um novo totalitarismo.

> "Uma eventual ditadura anticristã seria provavelmente muito mais sutil do que o que conhecemos até hoje. Será, aparentemente, favorável à religião, mas sob a condição de que não sejam postos em questão os seus modelos de comportamento e de pensamento"[368].

No Brasil, todas essas ideologias estão contempladas e inseridas no Plano Nacional de Direitos Humanos — PNDH-3, que causou assombro e perplexidade entre vários setores da sociedade, quando foi lançado pelo governo federal, em dezembro de 2009. O fato é que com o PNDH-3, direitos humanos se transformam em palavra de ordem para justificar uma nova mentalidade e ordem mundial inteiramente amoral, em que a pessoa deixa de ser sujeito para se tornar objeto, destituída de humanidade, sem proteção e promoção, anulada em sua identidade e vítima de reducionismos aviltantes, em graus diferenciados de manipulação, que é a pior de todas as violências. Por isso, a Igreja se posiciona em favor da vida, como fez valentemente Dom Luiz Gonzaga Bergonzini, bispo de Guarulhos, durante a campanha presidencial de 2010, denunciando o governo federal de estar comprometido com essas ideologias do mal, tão evidentes no PNDH-3. Desde a publicação da *Evangelium Vitae*, tem havido iniciativas nesse sentido, em muitas partes do mundo. No Brasil, após a aprovação da Lei de Biossegurança (em março de 2005), essa mobilização vem crescendo. Tem surgido em várias dioceses, comissões diocesanas em defesa da vida, grupos de estudos na área de bioética, movimentos de leigos comprometidos com o Evangelho da Vida.

Na Diocese de Taubaté, o bispo Dom Carmo João Rhoden fundou, em 28 de outubro de 2005, o Movimento Legislação e Vida, que coordeno junto com o Pe. Ethewaldo Naufal L. Júnior, e também a comissão diocesana em defesa da vida. Realizamos vários seminários de bioética e um Congresso Internacional em Defesa da Vida, no Santuário de Nossa Senhora da Conceição Aparecida (em fevereiro de 2008). Desde então, junto com outras comissões diocesanas e demais grupos (como o Movimento Nacional da Cidadania pela Vida — Brasil Sem Aborto, que é suprapartidário e suprareligioso), estamos acompanhando em Brasília os projetos de lei relacionados à vida e à família que tramitam nas comissões do Congresso Nacional, bem como as deliberações no Supremo Tribunal Federal (como a ADIN 3510, a ADPF 54 e outras). Com um trabalho coordenado e integrado, temos conseguido importantes vitórias no campo legislativo. Em maio de 2008, por 33 x 0, o PL 1135/91, visando despenalizar o aborto no Brasil, foi rejeitado na Comissão de Seguridade Social e Família e também posteriormente pela Comissão de Constituição e Justiça. Promulgamos, ainda, no período em fui presidente da Câmara Municipal de São Bento do Sapucaí — SP (2009-2010), a primeira lei orgânica pró-vida do País, incluindo no texto constitucional local o direito à vida desde a fecundação até a morte natural, com diretrizes do humanismo integral, destacando que o direito à vida é o primeiro e o principal de todos os direitos humanos.

A Diocese de Taubaté também lançou, em novembro de 2010, a Campanha "São Paulo pela Vida", com o apoio da Comissão em Defesa da Vida do Regional 1 da CNBB, visando inserir na constituição do estado de São Paulo o direito à vida desde a concepção até a morte natural, por meio de projeto de iniciativa popular (com mais de 300 mil assinaturas) . Em nível federal, propomos ainda no 4º Encontro Brasileiro de Legisladores e Governantes pela Vida, no começo de 2011, que os deputados federais da Frente Parlamentar Mista em Defesa da Vida trabalhem pela aprovação da PEC pela Vida, para, por meio de emenda constitucional, garantir o direito à vida de modo integral. O que já foi feito em nível municipal esperamos conseguir em âmbito estadual e, se Deus quiser, também nacional. Nesse sentido, há ainda esforços pela aprovação do Estatuto do Nascituro. Todas essas iniciativas mostram que a Igreja está viva e atuante, apesar das tantas dificuldades existentes. O nosso trabalho em nível diocesano é feito em comunhão eclesial, com o bispo, o padre assessor e os leigos. E também integrado a outros grupos que trabalham nesse sentido, pois diz o Catecismo da Igreja Católica claramente que "a missão de

Cristo e do Espírito Santo realiza-se na Igreja"[369]. Superando os problemas, vamos buscando — fiéis ao Magistério da Igreja — estarmos mais disponíveis à graça de Deus, pois é Ele quem opera.

Santo Afonso de Ligório é enfático em dizer que a oração deve preceder a ação, para estabelecer o vínculo perfeito que propicie a abundância das graças, que somente Deus pode oferecer a quem a Ele recorrer sinceramente. É o lema de São Bento *"ora et labora"* que atualiza a pedagogia de Deus no mistério da Igreja, orante e militante, na defesa da vida humana, de modo integral, na dimensão soteriológica, com a perspectiva para a realidade última, pois a vida definitiva depende dessa provisória, das nossas decisões e adesões que fazemos no dia a dia. E então somos levados a refletir: sobre que lastro construímos a nossa história? Nesse sentido, a Igreja confirma Jesus Cristo como "caminho, verdade e vida"[370], e é esta vida que defendemos: a vida nova proposta por Jesus, que começa aqui a ser edificada. Daí o imperativo bíblico tão atual: "Escolhe, pois, a Vida!"[371].

*

Peçamos a intercessão da Virgem Maria Santíssima, rainha do céu, para que a nossa fé em Jesus Cristo Ressuscitado, Nosso Senhor e Salvador, produza frutos de vida em abundância.

*

Jovens! Jovens do nosso tempo!

O maior desafio é não se deixar levar pela correnteza daqueles que querem banir Deus do horizonte da História. E — mais do que nunca — é hora de reconhecermos que precisamos de Deus. Por isso rezamos e trabalhamos, para nos mantermos vinculados a Ele (daí o sentido da religião — *religare*), pois é este vínculo com o Altíssimo que irá garantir a vida eterna. Esta é a vida que nos interessa: a vida verdadeira.

Notas

1 Joseph Ratzinger, *O Sal da Terra*: O Cristianismo e a Igreja Católica no Limiar do Terceiro Milênio — Um Diálogo com Peter Seewald. Rio de Janeiro: Imago, 1997. p. 31.
2 Homilia de Sua Santidade Bento XVI na Santa Missa de imposição do pálio e entrega do anel do Pescador para o início do Ministério Petrino, Praça de São Pedro, domingo, 24 de abril de 2005. Disponível em: <http://www.vatican.va/holy_father/benedict_xvi/homilies/2005/documents/hf_ben-xvi_hom_20050424_inizio-pontificato_po.html>. Acesso em: 21 maio 2013.
3 Papa Bento XVI, Audiência Geral, Praça de São Pedro, quarta-feira, 27 de fevereiro de 2013. Disponível em: <http://www.vatican.va/holy_father/benedict_xvi/audiences/2013/documents/hf_ben-xvi_aud_20130227_po.html>. Acesso em: 21 maio 2013.
4 Thomas E. Woods Jr., *Como a Igreja Católica construiu a Civilização Ocidental*. São Paulo: Quadrante, 2010. p. 208.
5 Disponível em: <http://www.youtube.com/watch?v=rhxZupJ08Z8>. Acesso em: 21 maio 2013.
6 Joseph Ratzinger. *O Sal da Terra:* O Cristianismo e a Igreja Católica no Limiar do Terceiro Milênio — Um Diálogo com Peter Seewald. Rio de Janeiro: Imago, 1997. p. 209.
7 Ib., p. 208.
8 Ib., p. 185.
9 Bento XVI. Carta Apostólica sob forma de *Motu Proprio Porta Fidei*, com a qual se proclama o Ano da Fé, 12. Disponível em: <http://www.vatican.va/holy_father/benedict_xvi/motu_proprio/documents/hf_ben-xvi_motu-proprio_20111011_porta-fidei_po.html>. Acesso em: 21 maio 2013.
10 Joseph Ratzinger e Paolo Flores d'Arcais. *Deus Existe?* São Paulo: Planeta do Brasil, 2009. p. 37.
11 Ib., p. 80.
12 Bento XVI, Carta Encíclica *Deus Caritas Est*, 29. Disponível em: <http://www.vatican.va/holy_father/benedict_xvi/encyclicals/documents/hf_ben-xvi_enc_20051225_deus-caritas-est_po.html>. Acesso em: 21 maio 2013.
13 João Paulo II, Carta Encíclica *Fides et Ratio*, 27. Disponível em: <http://www.vatican.va/holy_father/john_paul_ii/encyclicals/documents/hf_jp-ii_enc_15101998_fides-et-ratio_po.html>. Acesso em: 21 maio 2013.
14 Ib., p. 28.
15 Joseph Ratzinger. *O Sal da Terra:* O Cristianismo e a Igreja Católica no Limiar do Terceiro Milênio — Um Diálogo com Peter Seewald. Rio de Janeiro: Imago, 1997. p. 55.
16 Ib., p. 205.
17 Julián Marías. *Problemas do Cristianismo*. São Paulo: Convívio, 1979. p. 84.
18 PAULO VI, Alocução aos Representantes dos Estados, 4 de Outubro de 1965: *Insegnamenti di Paolo VI*, vol. III (1965), p. 508. Disponível em: <http://www.vatican.va/holy_father/paul_vi/speeches/1965/documents/hf_p-vi_spe_19651004_united-nations_po.html>. Acesso em: 22 maio 2013.
19 Enrica Rosanna. In: *Dicionário de Espiritualidade*. 2. ed. São Paulo: Paulus, 1993. p. 643.

20 Joseph Ratzinger. *O Sal da Terra:* O Cristianismo e a Igreja Católica no Limiar do Terceiro Milênio — Um Diálogo com Peter Seewald. Rio de Janeiro: Imago, 1997. p. 55.
21 Ib., p. 208.
22 Ib., p. 212.
23 Richard Dawkins. *Deus, um delírio*. São Paulo: Companhia das Letras, 2007. p. 336.
24 Ib., p. 333.
25 Josef Holzner. *Paulo de Tarso*. São Paulo: Quadrante, 1994. p. 31.
26 Roger Shattuck. *Conhecimento Proibido*. São Paulo: Companhia das Letras, 1998. p. 61.
27 Ib., p. 62.
28 Joseph Ratzinger/Bento XVI. *Jesus de Nazaré, Primeira Parte* — Do Batismo no Jordão à Transfiguração. São Paulo: Planeta do Brasil, 2007. p. 41.
29 Ib., p. 14-15.
30 S. Irineu de Lyon, *Adversus Haereses* IV 20, 7: SCh 100, t. II, 648 (*"Gloria Dei vivens homo; vita autem hominis visio Dei* — A glória de Deus é o homem vivo; a vida do homem é a visão de Deus"), mencionada na nota 53 da conclusão do documento da Comissão Teológica Internacional, *Memória e Reconciliação: A Igreja e as Culpas do Passado*. Roma, 2000. Disponível em: <http://www.vatican.va/roman_curia/congregations/cfaith/cti_documents/rc_con_cfaith_doc_20000307_memory-reconc-itc_po.html>. Acesso em: 21 maio 2013.
31 Gn 6, 14.
32 João Paulo II, Bula Pontifícia *Incarnationis Mysterium, 3*. Disponível em: <http://www.vatican.va/jubilee_2000/docs/documents/hf_jp-ii_doc_30111998_bolla-jubilee_po.html>. Acesso em: 21 maio 2013.
33 João Paulo II, Carta Encíclica *Fides et Ratio, 7*. Disponível em: <http://www.vatican.va/holy_father/john_paul_ii/encyclicals/documents/hf_jp-ii_enc_15101998_fides-et-ratio_po.html>. Acesso em: 21 maio 2013.
34 João Paulo II, Carta Encíclica *Fides et Ratio, 24*. Disponível em: <http://www.vatican.va/holy_father/john_paul_ii/encyclicals/documents/hf_jp-ii_enc_15101998_fides-et-ratio_po.html>. Acesso em: 21 maio 2013.
35 João Paulo II, Bula Pontifícia *Incarnationis Mysterium*, 7. Disponível em: <http://www.vatican.va/jubilee_2000/docs/documents/hf_jp-ii_doc_30111998_bolla-jubilee_po.html>. Acesso em: 21 maio 2013.
36 Gn 12, 1-3.
37 Joseph Ratzinger/Bento XVI. *Jesus de Nazaré, Primeira Parte* — Do Batismo no Jordão à Transfiguração. São Paulo: Planeta do Brasil, 2007. p. 85.
38 Ib., p 59.
39 Ibidem.
40 Ibidem.
41 Ibidem.
42 Ib., p. 42.
43 Pontifícia Comissão Bíblica. *A Interpretação da Bíblia na Igreja*, Notas 3, Roma, 15 de abril de 1993. Disponível em: <http://www.vatican.va/roman_curia/congregations/cfaith/pcb_documents/rc_con_cfaith_doc_19930415_interpretazione_po.html>. Acesso em: 22 maio 2013.
44 Sl 24, 8.
45 Sl 23, 2.
46 Sl 27, 4.
47 *Catecismo da Igreja Católica*, 396. 2. ed. São Paulo: Editora Vozes, Edições Paulinas, Edições Loyola e Editora Ave Maria, 1993. p. 100.
48 Ib., 410, p. 103.

49 Ib., 396, p. 100.
50 Disponível em: <http://www.youtube.com/watch?v=YLSGAwwyq0U>. Acesso em: 21 maio 2013.
51 Ibidem.
52 Ibidem.
53 Ibidem.
54 Santo Atanásio. *A Criação e a Queda*. Disponível em: <http://www.ecclesia.com.br/biblioteca/pais_da_igreja/s_atanasio_a_criacao_e_a_queda.html>. Acesso em: 21 maio 2013.
55 Ibidem.
56 Ibidem.
57 Gn 1, 1.
58 Sab 6, 18.
59 Disponível em: <https://www.youtube.com/watch?v=jbgl4z5ovck>. Acesso em: 22 maio 2013.
60 São Tomás de Aquino. *Suma Contra os Gentios*. Porto Alegre: EDIPUCRS; Edições EST, 1996. v. II, Livros III e IV, p. 511.
61 Ibidem.
62 Ib., p. 510.
63 Joseph Ratzinger e Paolo Flores d'Arcais. *Deus Existe?* São Paulo: Planeta do Brasil, , 2009. p. 19.
64 Ibidem.
65 Ex 3, 14.
66 Jo 14,6.
67 Joseph Ratzinger/Bento XVI. *Jesus de Nazaré*: Primeira Parte — Do Batismo no Jordão à Transfiguração. São Paulo: Planeta do Brasil, 2007. p. 23.
68 Ibidem.
69 Ib., p. 37.
70 Ib., p. 49; MT 28, 18.
71 Ibidem.
72 Ibidem.
73 Bento XVI. Carta Apostólica sob forma de *Motu Proprio Porta Fidei*, com a qual se proclama o Ano da Fé, 7. Disponível em: <http://www.vatican.va/holy_father/benedict_xvi/motu_proprio/documents/hf_ben-xvi_motu-proprio_20111011_porta-fidei_po.html>. Acesso em: 21 maio 2013.
74 Bento XVI. Carta Encíclica *Spe Salvi*, 3. Disponível em: <http://www.vatican.va/holy_father/benedict_xvi/encyclicals/documents/hf_ben-xvi_enc_20071130_spe-salvi_po.html>. Acesso em: 21 maio 2013.
75 Santo Agostinho. *A Cidade de Deus*. São Paulo: Editora das Américas; EDAMERIS, 1964. v. III, Livro XXI, cap. VII, p. 284.
76 Bento XVI. Carta Encíclica *Spe Salvi*, 3. Disponível em: <http://www.vatican.va/holy_father/benedict_xvi/encyclicals/documents/hf_ben-xvi_enc_20071130_spe-salvi_po.html>. Acesso em: 21 maio 2013.
77 Ib., 5.
78 Jó 42,5.
79 Joseph Ratzinger/Bento XVI. *Jesus de Nazaré*: Primeira Parte — Do Batismo no Jordão à Transfiguração. São Paulo: Planeta do Brasil, 2007. p. 296.
80 Mt 14, 27.
81 Joseph Ratzinger e Bento XVI. *Jesus de Nazaré*: Primeira Parte — Do Batismo no Jordão à Transfiguração. São Paulo: Planeta do Brasil, 2007. p. 79.

82 Joseph Ratzinger. *O Sal da Terra* — O Cristianismo e a Igreja Católica no Limiar do Terceiro Milênio — Um Diálogo com Peter Seewald. Rio de Janeiro: Imago, 1997. p. 27.
83 Jó 38, 18-23.
84 Jó 38, 33.
85 Jó 42, 3.
86 Joseph Ratzinger/Bento XVI. *Jesus de Nazaré*: Primeira Parte — Do Batismo no Jordão à Transfiguração. São Paulo: Planeta do Brasil, 2007. p. 224.
87 Santo Agostinho. *Confissões*. São Paulo: Nova Cultural, 1999. p. 317.
88 João Paulo II. *Cruzando o limiar da Esperança*. 1. ed. Rio de Janeiro: Livraria Francisco Alves Editora, 1994. p. 79.
89 (Sl 103, 24).
90 Santo Agostinho. *Confissões*. São Paulo: Nova Cultural, 1999. p. 318.
91 Ib., p. 311. *Catecismo da Igreja Católica*, 128. 2. ed. São Paulo: Editora Vozes; Edições Paulinas; Edições Loyola; Editora Ave Maria, 1993. p. 44.
92 Joseph Ratzinger/Bento XVI. *Jesus de Nazaré*: Primeira Parte — Do Batismo no Jordão à Transfiguração. São Paulo: Planeta do Brasil, 2007. p. 66.
93 Ib., p. 58.
94 Pio XI, Carta Encíclica *Quas Primas* (Sobre a Instituição da Festa de Nosso Senhor Jesus Cristo Rei) 5. Belo Horizonte: Edições Cristo Rei, 2011. p. 19; Dn 2,44.
95 Joseph Ratzinger/Bento XVI. *Jesus de Nazaré*: Segunda Parte — Da entrada em Jerusalém até a Ressurreição. São Paulo: Planeta do Brasil, 2007. p. 21; Mt 21, 15.
96 Ib., p. 257.
97 Bento XVI. Carta Encíclica *Deus Caritas Est, 35*. Disponível em: <http://www.vatican.va/holy_father/benedict_xvi/encyclicals/documents/hf_ben-xvi_enc_20051225_deus-caritas-est_po.html>. Acesso em: 21 maio 2013.
98 Pio XI. Carta Encíclica *Quas Primas* (Sobre a Instituição da Festa de Nosso Senhor Jesus Cristo Rei) 4. Belo Horizonte: Edições Cristo Rei, 2011. p. 18.
99 Sl 47, 8.
100 Joseph Ratzinger/Bento XVI. *Jesus de Nazaré*: Primeira Parte — Do Batismo no Jordão à Transfiguração. São Paulo: Planeta do Brasil, 2007. p. 49.
101 Ib., p. 45.
102 Ib., p. 45-46.
103 Is 27, 6.
104 Etienne Charpentier et al. *Os Milagres do Evangelho*. São Paulo: Edições Paulinas, 1982. p. 17.
105 Ib., p. 16.
106 Mt 1, 19-20; Lc 1, 27; 2, 4.
107 Lc 1, 32-33.
108 Paul Johnson. *Jesus* — Uma Biografia de Jesus Cristo para o Século XXI. Rio de Janeiro: Nova Fronteira, 2011. p. 10.
109 Ibidem.
110 Joseph Ratzinger/Bento XVI. *Jesus de Nazaré*: Primeira Parte — Do Batismo no Jordão à Transfiguração. São Paulo: Planeta do Brasil, 2007. p. 9.
111 Ib., p. 11.
112 Ibidem.
113 Ib., p. 12.
114 Ib., p. 59.
115 Mt 16, 18.
116 Georges Suffert. *Tu és Pedro*. Rio de Janeiro: Objetiva, 2001.
117 p. 23. Ib., p. 22.

118 Joseph Ratzinger. *O Sal da Terra* — O Cristianismo e a Igreja Católica no Limiar do Terceiro Milênio — Um Diálogo com Peter Seewald. Rio de Janeiro: Imago, 1997. p. 223.

119 Ibidem.

120 Ibidem.

121 Bento XVI, Carta Encíclica *Deus Caritas Est, 2.* Disponível em: <http://www.vatican.va/holy_father/benedict_xvi/encyclicals/documents/hf_ben-xvi_enc_20051225_deus-caritas-est_po.html>. Acesso em: 21 maio 2013.

122 Ib., 6.

123 Ibidem.

124 São Tomás de Aquino. *Suma Contra os Gentios*. Porto Alegre: EDIPUCRS; Edições EST, 1996. v. II, Livros III e IV, p. 896.

125 Joseph Ratzinger. *O Sal da Terra* — O Cristianismo e a Igreja Católica no Limiar do Terceiro Milênio — Um Diálogo com Peter Seewald. Rio de Janeiro: Imago, 1997. p. 25.

126 Ib., p. 23.

127 Ib., p. 25.

128 Bento XVI. Carta Encíclica *Deus Caritas Est, 5.* Disponível em: <http://www.vatican.va/holy_father/benedict_xvi/encyclicals/documents/hf_ben-xvi_enc_20051225_deus-caritas-est_po.html>. Acesso em: 21 maio 2013.

129 Ibidem.

130 Joseph Ratzinger/Bento XVI. *Jesus de Nazaré*: Segunda Parte — Da entrada em Jerusalém até a Ressurreição. São Paulo: Planeta do Brasil, 2007. p. 65.

131 Julián Marías. *Problemas do Cristianismo*. São Paulo: Convívio, 1979. p. 47.

132 Ib., p. 51.

133 Lc 24, 29.

134 *Catecismo da Igreja Católica*, 128. 2. ed. São Paulo: Editora Vozes; Edições Paulinas; Edições Loyola; Editora Ave Maria, 1993. p. 44.

135 Julián Marías. *Problemas do Cristianismo*. São Paulo: Editora Convívio, 1979. p. 48.

136 Joseph Ratzinger/Bento XVI. *Jesus de Nazaré:* Segunda Parte — Da entrada em Jerusalém até a Ressurreição. São Paulo: Planeta do Brasil, 2007. p. 65.

137 Jo 14,6.

138 Lc 18, 42.

139 Jo 11, 25-26.

140 Bento XVI. Carta Apostólica sob forma de *Motu Proprio Porta Fidei*, com a qual se proclama o Ano da Fé, 6. Disponível em: <http://www.vatican.va/holy_father/benedict_xvi/motu_proprio/documents/hf_ben-xvi_motu-proprio_20111011_porta-fidei_po.html>. Acesso em: 21 maio 2013.

141 Joseph Ratzinger. *O Sal da Terra* — O Cristianismo e a Igreja Católica no Limiar do Terceiro Milênio — Um Diálogo com Peter Seewald. Rio de Janeiro: Imago, 1997. p. 78.

142 Ib., p. 79.

143 Ib., p. 27.

144 Paulo VI. Alocução aos Representantes dos Estados, 4 de Outubro de 1965: *Insegna menti di Paolo VI*, vol. III, 1965, p. 508 Disponível em: <http://www.vatican.va/holy_father/paul_vi/speeches/1965/documents/hf_p-vi_spe_19651004_united-nations_po.html)>. Acesso em: 21 maio 2013.

145 Joseph Ratzinger. *O Sal da Terra* — O Cristianismo e a Igreja Católica no Limiar do Terceiro Milênio — Um Diálogo com Peter Seewald. Rio de Janeiro: Imago, 1997. p. 19.

146 Ib., p. 23.

147 Mt 14, 27.

148 Joseph Ratzinger. *O Sal da Terra* — O Cristianismo e a Igreja Católica no Limiar do Terceiro Milênio — Um Diálogo com Peter Seewald. Rio de Janeiro: Imago, 1997. p. 212.

149 José Miguel Cejas. *Os Santos*, Pedras de Escândalo. São Paulo: Quadrante, 1997. p. 13.
150 Joseph Ratzinger. *O Sal da Terra* — O Cristianismo e a Igreja Católica no Limiar do Terceiro Milênio — Um Diálogo com Peter Seewald. Rio de Janeiro: Imago, 1997. p. 212.
151 Ib., p. 213.
152 Daniel-Rops. *História da Igreja de Cristo II* — A Igreja dos Tempos Bárbaros. Porto: Livraria Tavares Martins, 1960. cap. 1, p. 11.
153 Ibidem.
154 Jacques Le Goff. *São Luís*. Rio de Janeiro: Record, 2002. p. 187.
155 Ib., p. 193.
156 Ib., p. 195.
157 Octavio Paz. *Os Filhos do Barro*. Rio de Janeiro: Nova Fronteira, 1984. p. 67.
158 Ib., p. 47.
159 Pio X. Carta Encíclica *Pascendi Dominici Gregis* (Sobre as Doutrinas Modernistas), Introdução, Disponível em: <http://www.vatican.va/holy_father/pius_x/encyclicals/documents/hf_p-x_enc_19070908_pascendi-dominici-gregis_po.html>. Acesso em: 21 maio 2013.
160 Ibidem.
161 Ibidem.
162 Ibidem.
163 Ibidem.
164 Ibidem.
165 Segunda Timóteo 4, 3.
166 Bento XVI, *Motu Proprio Summorum Pontificum*. Disponível em: <http://www.vatican.va/holy_father/benedict_xvi/motu_proprio/documents/hf_ben-xvi_motu-proprio_20070707_summorum-pontificum_lt.html>. Acesso em: 21 maio 2013.
167 Comissão Teológica Internacional, Memória e Reconciliação: A Igreja e as Culpas do Passado, Introdução; 2000. Disponível em: <http://www.vatican.va/roman_curia/congregations/cfaith/cti_documents/rc_con_cfaith_doc_20000307_memory-reconc-itc_po.html>. Acesso em: 21 maio 2013.
168 Comissão Teológica Internacional, Memória e Reconciliação: A Igreja e as Culpas do Passado, 1.4; 2000. Disponível em: <http://www.vatican.va/roman_curia/congregations/cfaith/cti_documents/rc_con_cfaith_doc_20000307_memory-reconc-itc_po.html>. Acesso em:: 21 maio 2013.
169 Homilia de Sua Santidade Bento XVI na Santa Missa de imposição do pálio e entrega do anel do Pescador para o início do ministério petrino, Praça de São Pedro, domingo, 24 de abril de 2005. Disponível em: <http://www.vatican.va/holy_father/benedict_xvi/homilies/2005/documents/hf_ben-xvi_hom_20050424_inizio-pontificato_po.html>. Acesso em: 21 maio 2013.
170 Constituição Pastoral *Gaudium et Spes* (Sobre a Igreja no Mundo Atual), 19. Disponível em: <http://www.vatican.va/archive/hist_councils/ii_vatican_council/documents/vat-ii_const_19651207_gaudium-et-spes_po.html>. Acesso em: 21 maio 2013.
171 Comissão Teológica Internacional, Memória e Reconciliação: A Igreja e as Culpas do Passado, 2000. Disponível em: <http://www.vatican.va/roman_curia/congregations/cfaith/cti_documents/rc_con_cfaith_doc_20000307_memory-reconc-itc_po.html>. Acesso em: 21 maio 2013.
172 Ib., 1.2.
173 Joseph Ratzinger. *O Sal da Terra* — O Cristianismo e a Igreja Católica no Limiar do Terceiro Milênio — Um Diálogo com Peter Seewald. Rio de Janeiro: Imago, 1997. p. 215.
174 Ib., p. 198.

175 Ib., p. 209.
176 Ib., p. 212.
177 Ibidem.
178 Joseph Ratzinger/Bento XVI. *Jesus de Nazaré*: Primeira Parte — Do Batismo no Jordão à Transfiguração. São Paulo: Planeta do Brasil, 2007. p. 58.
179 Ibidem.
180 João Paulo II, Carta a Luigi Giussani, Vaticano, 11 de fevereiro de 2002, *Revista Passos Litterae Communionis*, Ano XVI, n. 28, São Paulo, abril de 2002.
181 Disponível em: <https://www.youtube.com/watch?v=dPC_ONfXAZU>. Acesso em: 21 maio 2013.
182 Joseph Ratzinger/Bento XVI. *Jesus de Nazaré*: Primeira Parte — Do Batismo no Jordão à Transfiguração. São Paulo: Planeta do Brasil, 2007. p. 73.
183 Disponível em: <https://www.youtube.com/watch?v=qpThz3B257M>. Acesso em: 21 maio 2013.
184 Joseph Ratzinger/Bento XVI. *Jesus de Nazaré*: Primeira Parte — Do Batismo no Jordão à Transfiguração. São Paulo: Planeta do Brasil, 2007. p. 64.
185 *Catecismo da Igreja Católica*, 1027. 2. ed. São Paulo: Editora Vozes; Edições Paulinas; Edições Loyola; Editora Ave Maria, 1993. p. 247.
186 Ibidem (1027).
187 Ib. (1024), p. 246.
188 Ibidem (1025).
189 Jo 2, 10.
190 Caminho, verdade e vida.
191 1Cor 2,9; *Catecismo da Igreja Católica*, 1027. 2. ed. São Paulo: Editora Vozes; Edições Paulinas; Edições Loyola; Editora Ave Maria, 1993. p. 247.
192 *Catecismo da Igreja Católica*, 1703. 2. ed. São Paulo: Editora Vozes; Edições Paulinas; Edições Loyola; Editora Ave Maria, 1993. p. 406.
193 Lc 17, 21.
194 Mt 6, 21.
195 Gustavo Corção, Santa Teresinha, *Revista Permanência*, ano VI, n. 51-52, jan-fev. 1973. Disponível em: <http://permanencia.org.br/drupal/node/154>. Acesso em: 21 maio 2013.
196 São João da Cruz — Doutor da Igreja, *Obras Completas*. 4. ed. Petrópolis, RJ: Vozes; Carmelo Descalço do Brasil, 1996. p. 70.
197 Sl 90, 10.
198 Dante Alighieri. *A Divina Comédia*, Paraíso, Canto XXIII, 133. 6. ed. Belo Horizonte/Rio de Janeiro: Villa Rica, 1991. p. 482.
199 Daniel-Rops. *História da Igreja de Cristo II* — A Igreja dos Tempos Bárbaros. Porto: Livraria Tavares Martins, 1960. cap. 1, p. 53-54.
200 Ib., p. 54.
201 Albert Camus. *Primeiro Cadernos*. Lisboa: Edição Livros do Brasil. p. 17.
202 Albert Camus. *O Homem Revoltado*. Lisboa: Edição Livros do Brasil, 1951. p. 41.
203 Ib., p. 91.
204 Ib., p. 107.
205 H. Tristam Engelhardt Jr. *Fundamentos da Bioética*. São Paulo: Edições Loyola, 1998. p. 17.
206 Ibidem.
207 João Paulo II. Discurso aos participantes da Sessão Plenária da Pontifícia Academia da Ciência, 3; Vaticano, 31 de outubro de 1992. Disponível em: <http://www.vatican.va/

holy_father/john_paul_ii/speeches/1992/october/documents/hf_jp-ii_spe_19921031_accademia-scienze_it.html>. Acesso em: 21 maio 2013.
208 Albert Camus. *O Homem Revoltado*. Lisboa: Edição Livros do Brasil, 1951. p. 98.
209 Joseph Ratzinger. *O Sal da Terra* — O Cristianismo e a Igreja Católica no Limiar do Terceiro Milênio — Um Diálogo com Peter Seewald. Rio de Janeiro: Imago, 1997. p. 185.
210 Daniel-Rops. *História da Igreja de Cristo III* — A Igreja das Catedrais e das Cruzadas. Porto: Livraria Tavares Martins, 1961. Cap. 1. p. 34.
211 Joseph Ratzinger/Bento XVI. *Jesus de Nazaré*: Primeira Parte — Do Batismo no Jordão à Transfiguração. São Paulo: Planeta do Brasil, 2007. p. 64.
212 Joseph Ratzinger/Bento XVI. *Jesus de Nazaré*: Segunda Parte — Da entrada em Jerusalém até a Ressurreição. São Paulo: Planeta do Brasil, 2007. p. 246.
213 Joseph Ratzinger/Bento XVI. *Jesus de Nazaré*: Primeira Parte — Do Batismo no Jordão à Transfiguração. São Paulo: Planeta do Brasil, 2007. p. 64-65.
214 Bento XVI, Salmo 131, 1-10: As promessas divinas feitas a David, 2; Audiência Geral, Quarta-Feira, 14 de setembro de 2005. Disponível em: <http://www.vatican.va/holy_father/benedict_xvi/audiences/2005/documents/hf_ben-xvi_aud_20050914_po.html>. Acesso em: 21 maio 2013.
215 Paulo VI, Constituição Conciliar *Sacrosanctum Concilium* (Sobre a Sagrada Liturgia), 21; Roma, 4 de dezembro de 1963. Disponível em: <http://www.vatican.va/archive/hist_councils/ii_vatican_council/documents/vat-ii_const_19631204_sacrosanctum-concilium_po.html>. Acesso em: 21 maio 2013.
216 Ibidem.
217 Joseph Ratzinger. Klaus Gamber, A Intrepidez de uma Verdadeira Testemunha. In: *A Reforma da Liturgia Romana*, Monsenhor Klaus Gamber, Fundador do Instituto Litúrgico de Ratisbona. Disponível em: <http://www.obrascatolicas.com/livros/Liturgia/A_reforma_da_liturgia_romana__.pdf>. Acesso em: 21 maio 2013.
218 Ibidem (Prefácio à Edição Francesa).
219 Benedictus PP. XVI, *Litterae Apostolicae Motu Proprio Datae Summorum Pontificum*, Roma, 7 de julho de 2007. Disponível em: <http://www.vatican.va/holy_father/benedict_xvi/motu_proprio/documents/hf_ben-xvi_motu-proprio_20070707_summorum-pontificum_lt.html>. Acesso em: 22 maio 2013.
220 Lc 22, 19.
221 J. B. Chautard. *A Alma de Todo o Apostolado*. Porto: Livraria Civilização, 2001. p. 82.
222 Joseph Ratzinger/Bento XVI. *Jesus de Nazaré*: Segunda Parte — Da entrada em Jerusalém até a Ressurreição. São Paulo: Planeta do Brasil, 2007. p. 130.
223 Pio XI, Carta Encíclica *Mortalium Animos* (Sobre a Promoção da Verdadeira Unidade de Religião), 17. Disponível em: <http://www.vatican.va/holy_father/pius_xi/encyclicals/documents/hf_p-xi_enc_19280106_mortalium-animos_po.html>. Acesso em: 21 maio 2013.
224 Roberto de Mattei. *O Concílio Vaticano II* — Uma História nunca escrita. Porto, 2012. p. 77.
225 Santo Agostinho. *A Cidade de Deus*. Livro Vigésimo-Primeiro. São Paulo: Editora das Américas EDAMERIS, 1964. v. III, cap. XV, p. 298.
226 Roberto de Mattei. *O Concílio Vaticano II* — Uma História nunca escrita. Porto: Caminhos Romanos Unipessoal, 2012. p. 87.
227 Ibidem.
228 Homilia de Sua Santidade Bento XVI na Santa Missa de imposição do pálio e entrega do anel do Pescador para o início do ministério petrino, Praça de São Pedro, domingo, 24 de abril de 2005. Disponível em: <http://www.vatican.va/holy_father/benedict_xvi/

homilies/2005/documents/hf_ben-xvi_hom_20050424_inizio-pontificato_po.html>. Acesso em: 21 maio 2013.
229 Mt 5, 20.
230 J. B. Chautard. *A Alma de Todo o Apostolado*. Porto: Livraria Civilização, 2001. p. 74.
231 Santo Agostinho. *A Cidade de Deus*, Livro Décimo Nono. São Paulo: Editora das Américas EDAMERIS, 1964. v. III, cap. XVII, p. 177.
232 Joseph Ratzinger/Bento XVI. *Jesus de Nazaré*: Primeira Parte — Do Batismo no Jordão à Transfiguração. São Paulo: Planeta do Brasil, 2007. p. 53.
233 Ib., p. 45.
234 Ibidem.
235 Georges Suffert. *Tu és Pedro*. Rio de Janeiro: Objetiva, 2001. p. 463.
236 Pio XII, Carta Encíclica *Summi Pontificatus* (Sobre o ofício do pontificado), 14. Disponível em: <http://www.vatican.va/holy_father/pius_xii/encyclicals/documents/hf_p--xii_enc_20101939_summi-pontificatus_po.html>. Acesso em: 21 maio 2013.
237 Ib., 15.
238 Ibidem.
239 Roberto de Mattei. *O Concílio Vaticano II* — Uma História nunca escrita. Porto: Caminhos Romanos, 2012. p. 28.
240 Ib., p. 29.
241 São Leão Magno. *Sermões*, Quarto Sermão sobre as Coletas. São Paulo: Coleção Patrística, Paulus, 1996. p. 22.
242 Jo 14,6.
243 Josef Holzner. *Paulo de Tarso*. São Paulo: Quadrante, 1994. p. 162.
244 Daniel-Rops. *História da Igreja de Cristo II* — A Igreja dos Tempos Bárbaros. Porto: Livraria Tavares Martins, 1960. cap. 1, p. 27.
245 Ib., p. 29.
246 Ib., p. 29-30.
247 Joseph Ratzinger. *O Sal da Terra* — O Cristianismo e a Igreja Católica no Limiar do Terceiro Milênio — Um Diálogo com Peter Seewald. Rio de Janeiro: Imago, 1997. p. 205.
248 Georges Suffert. *Tu és Pedro*. Rio de Janeiro: Objetiva, 2001. p. 32.
249 Ib., p. 56.
250 Ibidem.
251 Ib., p. 57.
252 Santo Irineu de Lyon. *Contra as Heresias*, Introdução. Disponível em: <http://veritatis.com.br/antigo/8731-contra-as-heresias-livro-i-introducao>. Acesso em: 21 maio 2013.
253 Mt 16, 18.
254 Georges Suffert. *Tu és Pedro*. Rio de Janeiro: Objetiva, 2001. p. 57.
255 Ib., p. 58.
256 Prof. Felipe Aquino. *Uma História que Não é Contada* — O trabalho da Igreja Católica para salvar e construir a nossa civilização. 1. ed. Lorena: Cléofas, 2008. p. 134.
257 João Paulo II. Carta Encíclica *Fides et Ratio* (Sobre as relações entre a fé e a razão), 7; cf. 2 Cor 4, 1-2. Disponível em: <http://www.vatican.va/holy_father/john_paul_ii/encyclicals/documents/hf_jp-ii_enc_14091998_fides-et-ratio_po.html>. Acesso em: 21 maio 2013.
258 Georges Suffert. *Tu és Pedro*. Rio de Janeiro: Objetiva, 2001. p. 276.
259 Ibidem.
260 Ib., p. 276-277.
261 Joseph Ratzinger. *O Sal da Terra* — O Cristianismo e a Igreja Católica no Limiar do Terceiro Milênio — Um Diálogo com Peter Seewald. Rio de Janeiro: Imago, 1997. p. 133.
262 Ibidem.

263 Paul Johson. *História do Cristianismo*. Rio de Janeiro: Imago, 2001. p. 321.
264 Ib., 401.
265 Georges Suffert. *Tu és Pedro*. Rio de Janeiro: Objetiva, 2001. p. 321.
266 Ib., p. 322.
267 Ib., p. 337.
268 Ibidem.
269 João Paulo II. Carta Encíclica *Fides et Ratio* (Sobre as relações entre a fé e a razão), 43. Disponível em: <http://www.vatican.va/holy_father/john_paul_ii/encyclicals/documents/hf_jp-ii_enc_14091998_fides-et-ratio_po.html>. Acesso em: 21 maio 2013.
270 Georges Suffert. *Tu és Pedro*. Rio de Janeiro: Objetiva, 2001. p. 324.
271 Albert Camus. *O Homem Revoltado*. Lisboa: Edição Livros do Brasil, 1951. p. 56.
272 Octavio Paz. *Os Filhos do Barro*. Rio de Janeiro: Nova Fronteira, 1984. p. 58.
273 Ib., p. 50.
274 João Paulo II. Discurso aos participantes da Sessão Plenária da Pontifícia Academia da Ciência, 3; Vaticano, 31 de outubro de 1992. Disponível em: <http://www.vatican.va/holy_father/john_paul_ii/speeches/1992/october/documents/hf_jp-ii_spe_19921031_accademia-scienze_it.html>. Acesso em: 21 maio 2013.
275 Ibidem.
276 Georges Suffert. *Tu és Pedro*. Rio de Janeiro: Objetiva, 2001. p. 342.
277 Ib., p. 348.
278 João Paulo II, Carta Encíclica *Fides et Ratio* (Sobre as relações entre a fé e a razão), 48. Disponível em: <http://www.vatican.va/holy_father/john_paul_ii/encyclicals/documents/hf_jp-ii_enc_14091998_fides-et-ratio_po.html>. Acesso em: 21 maio 2013.
279 Paul Johnson. *História do Cristianismo*. Rio de Janeiro: Imago, 2001. p. 424.
280 Ib., p. 435.
281 Ib., p. 436.
282 Voltaire. *Tratado sobre a Tolerância*, 1761 ("Esmagai a Infame!", frase bombástica de Voltaire expressando sua campanha de furor contra a Igreja Católica). Disponível em: <http://www.memo.fr/article.asp?ID=VOL_VIE_016>. Acesso em: 22 de maio de 2013.
283 Georges Suffert. *Tu és Pedro*. Rio de Janeiro: Objetiva, 2001. p. 346.
284 Albert Camus. *O Homem Revoltado*. Lisboa: Edição Livros do Brasil, 1951. p. 60.
285 Joseph Ratzinger. *O Sal da Terra* — O Cristianismo e a Igreja Católica no Limiar do Terceiro Milênio — Um Diálogo com Peter Seewald. Rio de Janeiro: Imago, 1997. p. 108.
286 Joseph Ratzinger e Bento XVI. *Jesus de Nazaré*: Primeira Parte — Do Batismo no Jordão à Transfiguração. São Paulo: Planeta do Brasil, 2007. p. 59.
287 Ib., p. 50.
288 Ib., p. 49.
289 Ib., p. 59.
290 Ibidem.
291 Ex 17, 7.
292 Joseph Ratzinger e Bento XVI. *Jesus de Nazaré*: Primeira Parte — Do Batismo no Jordão à Transfiguração. São Paulo: Planeta do Brasil, 2007. p. 48.
293 Albert Camus. *O Homem Revoltado*. Lisboa: Edição Livros do Brasil, 1951. p. 66.
294 Ibidem.
295 Ibidem.
296 Ib., p. 64.
297 Ib., p. 97.
298 Ib., p. 104.
299 Ib., p. 107.
300 Georges Suffert. *Tu és Pedro*. Rio de Janeiro: Objetiva, 2001. p. 349.

301 Albert Camus. *O Homem Revoltado*. Lisboa: Edição Livros do Brasil, 1951. p. 91.

302 Roberto de Mattei. *O Concílio Vaticano II* — Uma História nunca escrita. Porto: Caminhos, 2012. p. 33.

303 Ib., p. 33-34.

304 Ib., p. 36.

305 Ib., p. 37.

306 Ibidem.

307 Ib., p. 38.

308 Ib., p. 50.

309 Ib., p. 58.

310 Ib., p. 66.

311 Ib., p. 67.

312 Ib., p. 69.

313 Ib., p. 89.

314 *Catecismo da Igreja Católica*, 429. 2. ed. São Paulo: Editora Vozes; Edições Paulinas; Edições Loyola; Editora Ave Maria, 1993. p. 107.

315 João Paulo II, Homilia na Abertura da Porta Santa da Basílica de São João de Latrão, 2; Roma, 25 de dezembro de 1999. Disponível em: <http://www.vatican.va/holy_father/john_paul_ii/homilies/1999/documents/hf_jp-ii_hom_25121999_po.html>. Acesso em: 21 maio 2013.

316 Juan Claudio Sanahuja. *Poder Global e Religião Universal*. São Paulo: Editora Ecclesiae, 2011. p. 71.

317 Disponível em: <http://www.midiasemmascara.org/artigos/globalismo/13962-poder-global-e-religiao-universal.html>. Acesso em: 21 maio 2013.

318 Juan Claudio Sanahuja. *Poder Global e Religião Universal*. São Paulo: Ecclesiae, 2011. p. 11.

319 Ibidem.

320 Ibidem.

321 Ib., p. 80.

322 Ib., p. 22.

323 Ib., p. 38.

324 João Paulo II, Carta Encíclica *Evangelium Vitae* (Sobre o Valor e a Inviolabilidade da Vida Humana), 22; Roma, 25 de março de 1995. Disponível em: <http://www.vatican.va/holy_father/john_paul_ii/encyclicals/documents/hf_jp-ii_enc_25031995_evangelium-vitae_po.html>. Acesso em: 21 maio 2013.

325 João Paulo II, Homilia na Missa Celebrada no Mosteiro de Santa Catarina, 2; Peregrinação Jubilar ao Monte Sinai, 26 de fevereiro de 2000. Disponível em: <http://www.vatican.va/holy_father/john_paul_ii/travels/documents/hf_jp-ii_hom_20000226_sinai_po.html>. Acesso em: 21 maio 2013.

326 Joseph Ratzinger/Bento XVI. *Jesus de Nazaré*: Primeira Parte — Do Batismo no Jordão à Transfiguração. São Paulo: Planeta do Brasil, 2007. p. 42.

327 Ib., p. 45.

328 Congregação para a Doutrina da Fé, Declaração *Dominus Iesus* (Sobre a Unicidade e a Universalidade Salvífica de Jesus Cristo e da Igreja), 18. Disponível em: <http://www.vatican.va/roman_curia/congregations/cfaith/documents/rc_con_cfaith_doc_20000806_dominus-iesus_po.html>. Acesso em: 21 maio 2013.

329 Ib., 29.

330 Joseph Ratzinger. *O Sal da Terra* — O Cristianismo e a Igreja Católica no Limiar do Terceiro Milênio — Um Diálogo com Peter Seewald. Rio de Janeiro: Imago, 1997. p. 176.

331 Joseph Ratzinger/Bento XVI. *Jesus de Nazaré:* Primeira Parte — Do Batismo no Jordão à Transfiguração. São Paulo: Planeta do Brasil, 2007. p. 35.
332 Ib., p. 41.
333 Ibidem.
334 Ib., p. 209.
335 Juan Claudio Sanahuja. *Poder Global e Religião Universal*. São Paulo: Editora Ecclesiae, 2011. p. 11.
336 Ibidem.
337 Ibidem.
338 Joseph Ratzinger. *O Sal da Terra* — O Cristianismo e a Igreja Católica no Limiar do Terceiro Milênio — Um Diálogo com Peter Seewald. Rio de Janeiro: Imago, 1997. p. 212.
339 Ibidem.
340 Ib., p. 209.
341 Ib., p. 205.
342 Joseph Ratzinger/Bento XVI. *Jesus de Nazaré*: Primeira Parte — Do Batismo no Jordão à Transfiguração. São Paulo: Planeta do Brasil, 2007. p. 50.
343 J. B. Chautard. *A Alma de Todo o Apostolado*. Porto: Livraria Civilização Editora, 2001. p. 67.
344 Joseph Ratzinger. *O Sal da Terra* — O Cristianismo e a Igreja Católica no Limiar do Terceiro Milênio — Um Diálogo com Peter Seewald. Rio de Janeiro: Imago, 1997. p. 208.
345 *Catecismo da Igreja Católica*, 4. 2. ed. São Paulo: Editora Vozes; Edições Paulinas; Edições Loyola; Editora Ave Maria, 1993. p. 14.
346 Ib., 77, p. 34.
347 Mt 16, 18.
348 G. K. Chesterton. *Ortodoxia*, Edição Centenária 1908-2008. São Paulo: Mundo Cristão, 2008. p. 45. Disponível em: <http://sumateologica.files.wordpress.com/2009/07/chesterton_-_ortodoxia.pdf>. Acesso em: 21 maio 2013.
349 Mt 14, 27.
350 João Paulo II. Carta Encíclica *Evangelium Vitae* (Sobre o Valor e a Inviolabilidade da Vida Humana), Roma, 25 de março de 1995. Disponível em: <http://www.vatican.va/holy_father/john_paul_ii/encyclicals/documents/hf_jp-ii_enc_25031995_evangelium-vitae_po.html>. Acesso em: 21 maio 2013.
351 Ib., 12.
352 Ibidem.
353 Ib., 28.
354 Ib., 12.
355 Edwin Black. *A Guerra contra os Fracos*. São Paulo: Girafa, 2001. Resenhas da obra disponível em: <http://www.portaldafamilia.org/livros/book158.shtml; http://www.agirafa.com.br/girafa/detalhe_produto.asp?id=87>. Acesso em: 21 maio 2013.
356 Dorotas Kornas-Biela. *Direitos da criança, violência e exploração sexual*, Léxicon — termos ambíguos e discutidos sobre família, vida e questões éticas. Pontifício Conselho para a Família; Edições CNBB, 2007. p. 209.
357 *Catecismo da Igreja Católica*, 409. 2. ed. São Paulo: Editora Vozes; Edições Paulinas; Edições Loyola; Editora Ave Maria, 1993. p. 103; Constituição Pastoral Gaudium est Spes (Sobre a Igreja no Mundo Atual), 37, § 2. Disponível em: <http://www.vatican.va/archive/hist_councils/ii_vatican_council/documents/vat-ii_const_19651207_gaudium-et-spes_po.html>. Acesso em: 21 maio 2013.
358 Ibidem.
359 Ib., 769, p. 189.
360 Mt 10, 22.

361 Joseph Ratzinger/Bento XVI. *Jesus de Nazaré:* Primeira Parte — Do Batismo no Jordão à Transfiguração. São Paulo: Planeta do Brasil, 2007. p. 35.
362 Ibidem.
363 Ib., p. 41.
364 José Alfredo Peris Cancio. *Direitos sexuais e reprodutivos,* Léxicon — termos ambíguos e discutidos sobre família, vida e questões éticas. Pontifício Conselho para a Família; Edições CNBB, 2007. p. 249-250.
365 Joseph Ratzinger. *O Sal da Terra* — O Cristianismo e a Igreja Católica no Limiar do Terceiro Milênio — Um Diálogo com Peter Seewald. Rio de Janeiro: Imago, 1997. p. 108.
366 Ibidem.
367 João Paulo II. Carta Encíclica *Evangelium Vitae* (Sobre o Valor e a Inviolabilidade da Vida Humana), 12; Roma, 25 de março de 1995. Disponível em: <http://www.vatican.va/holy_father/john_paul_ii/encyclicals/documents/hf_jp-ii_enc_25031995_evangelium-vitae_po.html> Acesso em: 21 maio 2013.
368 Joseph Ratzinger. *O Sal da Terra* — O Cristianismo e a Igreja Católica no Limiar do Terceiro Milênio — Um Diálogo com Peter Seewald. Rio de Janeiro: Imago, 1997. p. 124.
369 *Catecismo da Igreja Católica,* 737. 2. ed. São Paulo: Editora Vozes; Edições Paulinas; Edições Loyola; Editora Ave Maria, 1993. p. 182
370 Jo 14,6.
371 Dt 30, 19.

Humanidades Linotipo Digital

Com o objetivo de fomentar o conhecimento, a reflexão, a difusão e o debate do pensamento clássico, criamos a editora Linotipo Digital, que já nasce disposta a expandir seu catálogo apoiada em cinco pilares editoriais, cinco conjuntos de ideias, e a atrair também jovens leitores para esse segmento cultural, além dos eternos amigos da literatura de qualidade.

HUMANIDADES LINOTIPO DIGITAL, o primeiro dos pilares, trará obras que abordem o pensamento clássico, as ideias, a filosofia, a religião, o humanismo e a arte. O segundo será dedicado exclusivamente às biografias de personalidades clássicas. O terceiro, de perfil histórico, reunirá obras acerca de fatos marcantes, nações, reinos, movimentos sociopolíticos e invenções. No quarto pilar estarão obras a respeito de empreendedorismo, negócios e gestão empresarial, além de assuntos profissionais e técnicos. Para o quinto pilar ficarão reservadas as obras típicas de primeira leitura, em formato simplificado e custo reduzido, destinadas aos jovens leitores e adeptos iniciais do pensamento clássico.

HUMANIDADES LINOTIPO DIGITAL. Este primeiro pilar, tanto para livros impressos como para digitais, que abrange obras sobre a vasta área do Humanismo, mesmo nesse campo tão aberto, o faz sem qualquer receio de ser rotulado como conservador, pois o próprio conceito de atualização constante, desde que comprovada pela prática é, por definição, uma atitude conservadora, bem como o estímulo à reflexão e ao debate inteligente são valores que mantêm a continuidade do crescimento moral e intelectual; este pilar trará em si um esforço permanente para provar que conceitos clássicos como moral elevada aliada a honestidade de propósito não podem ser taxados de coisas antigas, apesar de andarem um tanto esquecidas em meio aos valores imediatistas e oportunistas da atualidade.

O desafio nessa iniciativa é mostrar o estabelecimento de um elo entre o passado e o futuro por meio do pensamento dos grandes de outrora e da atualidade. Ao descobrir que pessoas e ideias tradicionais têm, sim, muito a ver com o leitor, este passará a enxergar a relevância e o impacto dos valores perenes, que levam à reflexão e ao debate positivo, abrindo mentes para a formação de opiniões próprias e, portanto, livres de modismos e imposições culturais.

São Paulo, junho de 2013.

esta obra foi composta pela Spress
e impressa em off-set pela Loyola
sobre papel pólen soft 80g
para a Linotipo Digital Editora e Livraria Ltda.
em julho de 2013